KB273923

단박에 통하는 공감의 힘

단박에 통하는 공감의 힘

단박에 통하는 공감의 힘

펴 냄 2010년 7월 20일 1판 1쇄 박음 / 2010년 7월 25일 1판 1쇄 펴냄
지은이 스가와라 미치코(菅原美千子)
옮긴이 윤지나
펴낸이 김철종
펴낸곳 (주)한언
        등록번호 제1-128호 / 등록일자 1983. 9. 30
주 소 서울시 마포구 신수동 63-14 구 프라자 6층(우 121-854)
        전화. 02)701-6616(대) / 팩스. 02)701-4449
책임편집 이영혜 · 박선미
디자인 정현영 · 양미정 · 백은미 · 하현지 · 김문정
홈페이지 www.haneon.com
이메일 haneon@haneon.com

ISBN   978-89-5596-575-9   13320

단박에 통하는

The Power of Empathy

공감의힘

스가와라 미치코 지음 | 윤지나 옮김

한린

과거와 타인은 변하지 않는다.
변할 수 있는 것은 미래와 나 자신뿐이다.

"우리나라 말을 쓰는데 왜 말이 안 통하지?"

비즈니스 현장에서 리더는 말이 잘 안 통하는 부하 직원 때문에 종종 골머리를 앓는다. 얼마 전 만난 리더 중의 하나도 같은 문제로 한탄을 했다.

몇 달 전 그는 외부 행사장을 빌려 소비자에게 상품을 소개하는 행사를 열었다. 행사 준비로 한창 바쁜 와중에 디지털카메라에 건전지가 들어 있지 않다는 사실을 알게 되어 신입 사원을 불렀다.

"행사장 건너편에 가면 편의점이 있을 거야. 디지털 카메라용 건전지 좀 사다 주게!"

신입 사원은 "네 알겠습니다!" 하고 씩씩하게 대답하곤 편의점으로 달려갔다. 10분쯤 시간이 흘렀을까? 어찌된 일인지 그는 빈손으로 돌아왔다.

"건전지는 왜 안 사온 거지?"

그가 묻자, 신입 사원의 대답이 정말 가관이었다.

"건너편 편의점에 갔더니 안 팔아서 그냥 왔는데요."

황당해하며 그가 반문했다.

"뭐? 그럼 다른 편의점에서라도 사와야지!"

그러자 신입 사원이 태연하게 말했다.

"다른 편의점에서라도 사오라는 말씀은 안 하셔서요."

그는 망치로 뒤통수를 맞은 것 같았다고 한다. '아니, 그렇게까지 일일이 설명해야 알아듣는 건가?'라는 생각 때문이었다.

이처럼 말이 통하지 않는 상황에서 리더가 일방적으로 "이런 것 하나 제대로 처리를 못 하나?"하며 화를 낸다면, 근본적인 문제는 해결할 수 없다. 이럴 때일수록 리더는 '그와 나는 다르다'는 사실을 인정하고, 나이 어린 직원의 세대와 성향에 맞는 커뮤니케이션 방법을 적극적으로 찾아야 한다.

비즈니스 현장에서는 '논리'가 대화의 기본이다. 사람을 설득하고 일을 원활히 진행하는 데 도움이 되기 때문이다. 물론 자신의 주장을 차트나 그래프 등을 이용해 상대방에게 조리 있게 전달하는 일은 매우 중요하다. 그러나 실제로 일을 하다 보면, 논리만으로는 해결되지 않는 경우가 더 많다. 예를 들면 다음과 같다.

- 아무리 이치에 맞는 주장을 펼쳐도 이상하게 상대방에게 잘 먹히지 않는다.
- 상세한 데이터와 그래프까지 넣어 나무랄 데 없는 프레젠테이션을 했는데도 통하지 않았다.
- 상품에 대해 논리 정연하고 이해하기 쉽게 설명했지만 고객은 결국 구매하지 않았다.

왜 논리적으로 일을 진행했는데도 결과는 뜻대로 되지 않는 것일까? 그것은 우리가 살아 숨 쉬는 '사람'들과 함께 일을 하기 때문이다. 사람은 모두 감정을 갖고 있는데, 지나치게 논리에 치우치다 보면 감정이라는 매우 중요한 것을 놓치기 쉽다.

기본적으로 사람은 'No!'라는 감정이 들면 행동하지 않는다. 이것은 조직 내의 상사와 부하 직원의 관계에서도 마찬가지다. 아무리 상사의 말이 논리 정연하고 구구절절 옳아도 부하 직원의 마음을 헤아리지 못하거나 믿음이 가지 않는다면, 아무도 따르지 않는다. 사람을 행동하게 만들려면 상대방에게 'Yes'라는 감정이 들게끔 해야 한다. 그것이 바로 상대방에게서 '공감'을 이끌어내는 방법이다.

나는 여러분이 사람의 마음을 움직이는 커뮤니케이션 방법을 배웠으면 한다. 그 첫 단추가 바로 '공감'이다. 이것을 잘 끼웠을 때 비로소 사람을 움직이게 만들 수 있다. 예를 들어 구성원들이 조직의 목표나 비전을 절실히 공감하는 경우에는 격려만으로도 열심히 일할 수 있다. 구성원들이 열심히 일하면, 눈에 띄는 성과를 내는 것도 순식간이다.

내가 '사람을 움직이는 커뮤니케이션'에 흥미를 갖게 된 것은 지금까지의 경력과 깊은 관계가 있다. 나는 대학 졸업 후, TV 방송국에 아나운서로 입사하여 약 11년 동안 생방송 뉴스 프로그램을 진행했다. 뉴스 캐스터인 동시에 기자로도 활동했기 때문에, 거의 매일 현장에서 취재를 하고 원고를 써야 했는데, 그 과정이 쉽지 않았다. 취재를 하기 위해서는 취재 대상자를 반드시 설득해야 하기 때문이다. 그러나 취재 대상자를 설득하려고 전화를 하거나 직접 찾아가 기획 취지를 설명해도 납득하지 못하는 경우가 다반사다. 취재에 응한다 하더라도 취재 대상자에게 신뢰를 받지 못하면 인터뷰나 취재를 원활히 진행할 수 없다.

특히 디렉터 역할을 맡았을 때는 카메라맨까지 설득해야 한다. 내가 원하는 영상과 카메라맨이 생각하는 영상이 다를 수 있기 때문이다. 또 취재 후에는 방송 시작 전까지 원고 정리, 구성 작업, VTR 편집, 자료 접사 등 필요한 작업을 여러 스태프들과 함께 의논하면서 추진해야 한다. 이 모든 과정이 유기적으로 움직이지 않으면 최상의 결과물은 기대할 수 없다.

궁극적으로 취재 대상자, 카메라맨, 여러 스태프들과의 커뮤니케이션은 내가 원하는 대로 사람을 움직이기 위한 것이다.

커뮤니케이션의 중요성은 잘 알고 있었지만, '사람을 움직이는 방법'에 대해 깊은 관심을 갖게 된 것은 TBS(도쿄 방송)에서 프리랜서로 활동할 때였다. 이때 비즈니스 잡지를 통해 처음으로 '코칭'이라는 분야가 있다는 걸 알았다. 그것은 '어떻게 하면 사람이 내 마음대로 움직일까?' 하는 의문에 대한 대답이었다. 거기에 필요한 커뮤니케이션 스킬이 체계적으로 정리되어 있다는 사실은 가히 충격적이었다. 나는 사람을 움직이고, 그의 가능성과 자발성을 이끌어내는 코칭 분야에 점점 더 관심을 가지게 되었다. 결국 아나운서를 그만두고 코칭 전문 회사에 들어갔고, 그곳에서 상장 회사 관리자들을 대상으로 코칭 스킬을 가르쳤다.

아나운서와 코칭 전문가로서 활동하면서 깨닫게 된 사실이 하나 있다. 사람을 움직이는 훌륭한 리더는 일의 실무 능력도 뛰어나지만, 부하 직원이나 주위 사람들과 신뢰를 쌓는 능력 또한 매우 뛰어나다는 점이다. 신뢰를 쌓기 위해서는 '상대방에게 공감하는 능력'뿐 아니라 '상대방을 공감시키는 능력' 또한 중요하다.

이 책에는 아나운서로 활동하면서 실제로 실천한 방법들과 코칭 전문가로 활동하면서 리더들에게 전수한 연습 방법이 담겨 있다.

제1장은 '사람을 움직이는 세 가지 조건'에 대한 내용이 담겨 있다. 제2장은 공감을 부르는 '스토리', 제3장은 공감을 이끄는 '스타일', 제4장에서는 공감을 만드는 '애드리브'에 대해 서술했다. 제5장은 이 책의 결론에 해당하는 챕터로 '스토리', '스타일', '애드리브'라는 세 가지 요소를 실전에서 사용할 때 주의할 점을 짚어준다.

나는 여러분이 책을 읽고, ‘아, 여기에 나온 방법대로 말을 해야겠다’고 생각했으면 좋겠다. 그것이 나의 바람이자 목표다. 독자의 마음을 움직이는 것이 내 첫 번째 미션이기 때문이다.

contents

사람을 움직이는 세 가지 조건

사람을 움직이는 세 가지 조건

부하 직원을 배우로 만들 것인가

"부하 직원을 배우로 만들지 마라!"

이 말은 기업 연수를 할 때 관리자급 사람들이 자주 하는 말이다. N씨의 이야기를 들어보면 이 말이 어떤 의미인지 쉽게 다가온다.

회사를 경영하고 있는 N씨는 여러 기업으로부터 강연을 해달라는 요청을 곧잘 받는다. 1년에 300회 정도 강연을 하는데, 주제는 대체로 '고객 만족'과 '인재 육성'이다.

어느 날, N씨는 간사이(関西)에 있는 한 기업으로부터 영업 팀 직원들을 대상으로 강연을 해달라는 요청을 받았다. N씨가 강연을 하기 전에 영업 부장이 앞에 나와 그동안의 실적과 현재 안고 있는 문제를 상세히 분석하고, 올해의 목표를 팀원들에게 전달했다.

그러자 영업팀 직원 전체가 일어나 "무조건 달성하자! 아자, 아자, 파이팅!" 하고 구호를 외치는 것이 아닌가. 그 모습이 참으로 인상적이었다. N씨는 '단결심이 대단하구나!' 생각하며 그들의 열정에 감동받았다.

그 후 잠깐 동안 휴식 시간을 가졌다. N씨는 '이렇게 열정이 넘치는 직원들에게 어떤 메시지를 전달하는 게 좋을까' 곰곰 생각하며 흡연실로 향했다.

흡연실에서는 젊은 직원 세 명이 담배를 피우고 있었다. N씨가 강연자라는 사실을 모르는 그들은 전혀 신경 쓰지 않고 대화에 열중했다.

직원 A : "아까 그 목표가 가당키나 해?"
직원 B : "그 정도는 말해야 부장도 체면이 서지 않겠어?"

직원 C : "맞아. 괜히 열 내서 뭐해. 그냥 폼이나 잡자는 거겠지. 일종의 세리머니라고 생각해. 세리머니!"

그러면서 직원들은 서로 얼굴을 마주 보며 폭소를 터뜨렸다. 그들에게서 "무조건 달성하자! 아자, 아자, 파이팅!" 하고 외치던 열정적인 모습은 전혀 찾아볼 수 없었다. 그들은 단순히 보여주기 위해 '열정이 대단한 척' 연기했던 것이다.

비전을 가진 대부분의 기업은 직원들에게 비전의 의미와 이룰 수 있는 방법을 설명한다. 그리고 직원들이 비전을 위해 열심히 일할 것으로 기대한다. 하지만 그들 중에 자신의 이익이 아니라, 회사의 비전을 이루기 위해 열심히 일하는 사람은 과연 얼마나 될까?

메시지를 전달할 때는 상대방이 그 의미까지 '제대로 받아들였는지' 확인해야 한다. 상대방이 그 의미를 명확히 받아들여야만 '행동'을 이끌어낼 수 있기 때문이다. 리녀가 제시히는 메시지를 납득하면, 직원들은 '잘 해보자!'라는 의욕을 가지고 행동에 옮긴다. 만약 직원이 행동하지 않는다면, 메시지를 제대로 전달한 것이 아니다.

커뮤니케이션의 목적은 '사람을 움직이는 것'에 있다. 구체적인 예를 들면 다음과 같다.

- 회사의 목표·비전·방침을 직원들에게 전달하고, 이를 달성하기 위한 행동을 이끌어낸다.
- 팀 구성원의 사기를 끌어올려 행동을 촉진한다.
- 회의에서 상사의 인정을 받는다.
- 고객의 신뢰를 얻어 상품을 구매하게 만든다.
- 프레젠테이션으로 클라이언트를 설득한다.
- 투자자가 자사의 주식을 사도록 설득한다.

상대방에게 다가가 행동을 이끌어내고 생각을 바꾸는 것을 '설득'이라고 한다. 주의할 점은 '설득'과 '설명'을 혼동하지 않는 것이다. 설명(說明)은 한자 뜻 그대로 '알기 쉽게 밝혀서 말하는 것'이다. 예를 들어 사건의 흐름이나 내용이 순서에 따라 알기 쉽게 쓰여 있는 보고서를 보고 사람들은 '설명이 잘되어 있는 보고서'라고 평가한다. 설명이 잘되어 있으면 내용을 이해하기 쉽다. 하지만 아무리 설명이 훌륭해도 사람을 행동하게 만들기는 쉽지 않다. '이해'와 '행동' 사이에는 두꺼운 벽이 있기 때문이다. 이 벽을 깨뜨려야 비로소 행동하게 만들 수 있다.

그럼 N씨의 이야기로 돌아가자. 영업 부장은 직원들에게 설명은 완벽하게 했을지도 모른다. 하지만 직원들을 설득하지는 못했다. 그래서 직원들은 배우가 되어 '마치 목표를 이루기 위해 노력할 것처럼' 연기한 것이다.

이러한 상황은 크고 작은 조직에서 흔히 볼 수 있다. 그렇다면 왜 사람들은 마음먹은 대로 움직여주지 않는 걸까?

사람을 움직이는 세 가지 요소

수사학(Rhetoric)을 체계화한 고대 그리스 철학자 아리스토텔레스는 상대방의 행동이나 사고방식을 바꾸기 위해서는 다음의 세 가지 요소가 필요하다고 말했다.

- 논리(Logos)
- 감정(Pathos)
- 신뢰(Ethos)

‘논리’는 말로 사람들의 이성에 호소하는 방법이다. 하지만 논리적이라고 해서 반드시 사람을 설득할 수 있는 것은 아니다. 사람에게는 감정이 있기 때문이다. 상대방의 기분을 고려하지 않으면 논리 정연하게 말해도 반발이나 저항이 따를 수 있다. 또한 아무리 논리나 감정에 호소해도 상대방으로부터 ‘신뢰’를 얻지 못한다면 설득하기 어렵다. 결국 누군가를 설득하고 행동으로 이끌기 위해서는 아래와 같은 공식이 성립된다.

행동(또는 사고방식의 변화) = 논리 × 감정 × 신뢰

논리, 감정, 신뢰 중 어느 한 가지 요소가 부족하면 행동이나 사고방식의 변화는 일어나지 않는다. 예를 들어보자. P과장은 다른 부서에서 일하는 부하 직원을 오랜만에 만났다. 그 직원은 과중한 업무로 스트레스를 받는 듯했다. P과장은 “업무가 많아서 스트레스를 받을 때는 오히려 일에서 손을 떼고 여유를 갖는 편이 좋아”라고 조언했다. 하지만 “아, 그렇군요”라고 말꼬리를 흐리는 부하 직원의 모습을 보니, 아무래도 조언이 와 닿지 않는 것 같았다.

왜 그 직원은 P과장의 조언에 귀 기울지 않았을까? 여러 가지 원인이 있겠지만, 서로 신뢰가 쌓이지 않았을 가능성이 크다. 부하 직원의 입장에서는 평소 자신과 교류가 적은 상사의 이야기라 진지하게 듣지 않았을 수도 있다. 또한 진지한 조언이 아닌 '잔소리'로 받아들였을지도 모른다. 만약 이 둘이 평소에 감정적인 교류를 주고받았다면 부하 직원은 P과장의 조언에 귀 기울였을 것이다.

이 사례에서도 알 수 있듯이 누군가를 설득하고, 행동을 이끌어내려면 논리, 감정, 신뢰라는 세 가지 요소가 필요하다.

우리는 직장뿐 아니라 일상생활에서도 끊임없이 누군가를 설득하며 살아간다. 설득이 필요한 순간, '행동(사고방식의 변화) = 논리 × 감정 × 신뢰' 공식을 잘 활용하자. 상대방을 설득하는 데 중요한 열쇠가 될 것이다.

뇌 과학이 증명하는 감정의 힘

우리가 사물을 받아들일 때 감정이 중요하게 작용한다는 사실은 과학적으로도 증명되었다. 그런데 이것은 뇌의 구조와 관계가 있다.

인간의 뇌는 3층으로 되어 있는데, '파충류의 뇌 → 포유류의 뇌 → 인간의 뇌' 순서로 발달한 뇌의 진화 과정이 그대로 담겨 있다. 파충류의 뇌가 가장 안쪽에 있고, 그 위에 포유류의 뇌, 가장 위에 인간의 뇌가 있다.

파충류의 뇌는 '뇌간·시상하부'라 불리는 부위에 해당하는데 호흡, 심박동, 혈압 조절 등 생명을 유지하는 데 꼭 필요한 일을 한다. 포유류의 뇌는 '대뇌변연계'라 불리는 부위에 해당한다. '좋다', '싫다' 등처럼 원시적인 감정을 컨트롤하는 '편도체'와 기억을 컨트롤하는 '해마'가 포함된다. 인간의 뇌는 '대뇌신피질'이

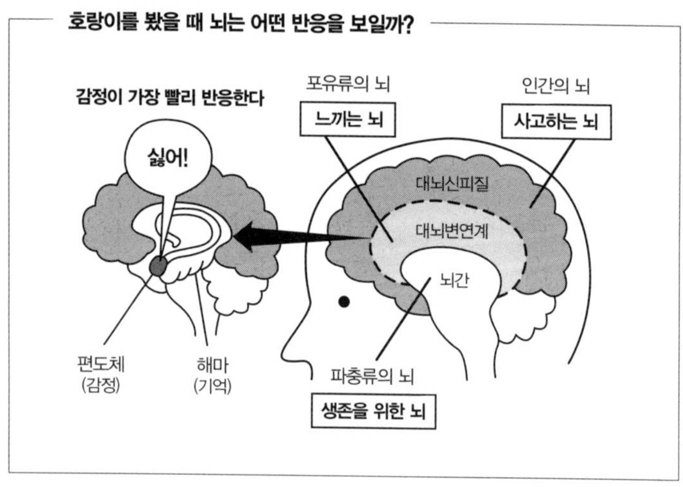

라 불리는 부위에 해당하며, 특히 이마 부근에 있는 '전두전야'는 논리적인 사고를 담당한다.

다시 말하면 파충류의 뇌는 '생존을 위한 뇌', 포유류의 뇌는 '느끼는 뇌', 인간의 뇌는 '사고하는 뇌'라고 할 수 있다. 이러한 뇌 구조를 알면, 우리가 사물을 판단할 때 뇌가 어떤 순서로 반응하는지 알 수 있다.

예를 들어 우리 눈앞에 날카로운 이빨을 드러낸 호랑이가 나타났다고 하자. 이때 우리는 어떤 반응을 보일까?

우리는 누구나 '호랑이의 습격을 당하면 목숨이 위험할 수도 있다'는 사실을 기억하고 있다. 이 기억을 바탕으로 우리는 호랑이를 보자마자 순간적으로 '싫다!' 또는 '안 돼!'라는 감정에 휩싸여 호랑이로부터 도망치려 할 것이다.

그렇다면 논리적으로 판단을 내릴 수는 없는 걸까? 사실 호랑이와 맞닥뜨린 급박한 순간에 논리적으로 판단을 내리기는 쉽지 않다. 그렇게 하기에는 시간이 촉박하기 때문이다. 예를 들어 '눈앞에 나타난 것은 호랑이다. 호랑이는 위험한 동물이다. 따라서 눈앞에 나타난 것은 위험한 것이다'와 같이 삼단논법으로 생각하다가는 호랑이에게 습격당할 가능성이 크다.

결국 인간이 살아남기 위해서는 감정이 가장 먼저 작용한다고 볼 수 있다. 이것은 실제 뇌 작용과도 관련이 있다. 어떤 사물을 접할 때, 뇌 안에서는 신경 세포가 활성화되면서 '전위(電位)'가 발생한다. 이를 측정하면 대뇌변연계의 '편도체'가 가장 빨리 반응한다고 한다. '좋다', '싫다' 등의 감정을 컨트롤하는 편도체가 가장 빨리 반응한다는 사실을 미루어볼 때 실제 뇌 작용에서도 '감정'이 가장 먼저 반응한다는 것을 알 수 있다.

일반적으로 인간이 사물을 판단할 때는 감정이 먼저 반응한 다음에 논리로 정리한다. 논리적으로 생각한 다음, 감정의 좋고 싫음을 판단하는 경우는 드물다. 따라서 상대방에게 메시지를 전달할 때는 이 순서를 염두에 두어야 한다.

물론 이 순서를 항상 생각하면서 행동하는 것은 쉽지 않다. 그러나 상대방이 '안 돼!'라고 감정적으로 받아들인 후에는 아무리 논리 정연하게 말해도 상대를 설득하기 힘들다는 사실을 잊지 말아야 한다.

논리가 통하지 않을 때도 있다

어렵고 추상적인 생각이나 사물도 단순화하고 구조화하면,

좀 더 이해하기 쉽다. 논리적 사고는 추상적인 생각이나 사물을 단순화하고 구조화할 수 있도록 도와준다. 특히 비즈니스 사회는 이러한 논리적 사고를 중요하게 생각하여 일반적으로 프레임 워크(사고 모델)를 사용한다.

비즈니스 사회에서 사용하는 프레임 워크에는 경영이나 마케팅 분야의 3C(Customer, Company, Competitor)나 4P(Product, Price, Place, Promotion), SWOT 분석(Strength, Weakness, Opportunity, Threat) 등이 있다. 이러한 프레임 워크는 원래 컨설턴트나 학자가 경영 간부들에게 전략을 제안하기 위해 개발한 것이다. 지금은 상하를 막론하고 조직 내의 여러 분야에서 널리 이용되고 있다.

한편 프레임 워크를 활용해 논리적으로 이야기한다고 해서 상대를 바로 설득할 수 있는 것은 아니다. 예를 들어, 정수기를 판매하는 영업 사원이 다짜고짜 정수기 효과에 대한 분석 결과부터 이야기한다고 하자. 물론 그의 말은 반박할 여지가 없을 정도로 논리 정연할 수 있다. 하지만 고객의 입장에서는 '들을 준비'가 되어 있지 않은 상태에서 다짜고짜 분석 결과부터 들이밀면, 감정적으로 '사고 싶지 않다'는 반발심이 생길 수밖에 없다.

비즈니스뿐 아니라 일상생활에서도 이치에 맞는 이야기인데 마음속에서 반발심이 생기는 경우를 종종 맞닥뜨린다. 그 까닭은 누구나 지금까지 축적해온 데이터나 나름의 판단 기준을 이미 가지고 있기 때문이다. 사람들은 이것을 토대로 상대방의 이야기를 받아들인다. 그렇기 때문에 이야기를 들으면서, '저 논리는 조금 이상하지 않나?'라든가 '반드시 그런 결론이 나오지는 않을 것 같은데?'라는 생각이 든다. 이러한 생각이 들기 시작하면, 결과적으로 상대방의 이야기에 납득하기 힘들어진다.

수학이나 물리 공식 등은 논리만으로도 잘 통한다. 예를 들어 '1+1=2'라는 논리에 대해서는 아무도 의심을 하거나 반발할 여지가 없다. 이러한 지식을 가리켜 '형식지(Explicit Knowledge)'라고 한다.

그러나 수학이나 물리 공식처럼 논리만으로는 납득하기 힘든 것들도 있다. 예를 들어 '고객에게 신뢰를 주는 법' 같은 지식은 개인의 '경험'에 기초하고 있으며 특별한 정답이 없다. 개인의 경험은 'A이기 때문에 B일 수밖에 없다'와 같이 공식으로 표현할 수 없다. 이처럼 개인의 경험에서 비롯된 지식을 가리켜 '암묵지(Tacit Knowledge)'라고 한다.

비스니스 사회에서는 논리적 사고로 해결해야 할 영역도 있지만, '고객에게 신뢰를 주는 법'처럼 논리만으로는 해결하기 어려운 영역도 많다. 따라서 사람을 움직여야 하는 입장에 있다면 '논리가 만능은 아니다'라는 사실을 염두에 두어야 한다. 즉 논리적 사고와 개인의 경험 사이에서 균형을 잘 지켜 사람의 감정을 움직이고 신뢰를 줄 수 있어야 한다.

천재 장기 기사 하부 요시하루의 승리법

NHK 다큐멘터리 방송에 하부 요시하루(羽生善治)가 출연한 적이 있다. '천재 장기 기사'라고 칭송받는 그는 15세에 기사가 되어 25세에 사상 최초로 7관왕(일본 장기에는 용왕, 명인, 왕장, 왕좌, 기성, 기왕, 왕위라는 시합이 있는데, 승자에게는 그 칭호가 부여된다. 하부 요시하루는 일곱 개 칭호를 전부 획득하였다 – 편집자 주)에 오른 사람이다. 데뷔 10년 만에 장기 세계의 정점에 오른 하부 요시하루의 강인함은 어디에서 나오는 걸까?

그의 머릿속에는 정적(定跡, 옛날부터 연구를 통해 최선으로 알려진 장기의 정해진 수)이 모두 들어 있다고 한다. 이런 사실을 알면 '정적 덕분에 승리를 거둘 수 있었구나!'라고 생각하기 쉽지만, 놀랍게도 그는 대국이 시작되면 정적을 모두 잊으려고 애쓴다고 한다. 정적에 집착하면 '번뜩이는 수'가 떠오르지 않기 때문이다.

논리적으로 생각했을 때, 장기 세계에서 살아남기 위해서는 이길 가능성이 높은 수를 두어야 한다. 그렇다면 정적을 염두에 두어야 하는 게 맞다. 하지만 하부 요시하루는 '정적을 모두 잊으려고 애쓴다'고 했다. 이것은 그가 장기를 둘 때 논리를 제쳐 둔다는 이야기다.

주목할 점이 하나 있다. 번뜩이는 수가 떠오른 순간, 하부 요시하루는 '과연 그 수가 적합한지' 이치를 따지지 않고, 자신의 직감을 믿는다는 것이다. 그는 "젊었을 때는 온갖 이치를 따져서 옳다고 판단되는 것을 우선시했다. 그러나 지금은 다르다. 마음에서 우러나오는 것을 솔직하게 행동으로 옮겨야 비로소 내 능력이 발휘된다"고 말한다.

사실, 하부 요시하루가 말하는 '번뜩이는 수'는 즉흥적으로 떠오르는 수는 아니다. 장기에서 이겼을 때의 패턴 등 다양한 데이터를 뇌 속에서 순식간에 조합해 최적의 수를 이끌어내는 것이다(이것은 4장에서 소개하는 애드리브와 상통하는 점이 있다).

결국 하부 요시하루가 강한 것은 '좌뇌'뿐 아니라 '우뇌'까지 충분히 활용하고 있기 때문이다.

진 젤라즈니가 지은 《맥킨지 발표의 기술》에는 다양한 그래프를 그려보는 페이지가 있다. 예를 들어 '당사의 매출은 1990년 대비 4배가 되었다', 'A사의 업계 내 마케팅 점유율은 최하위다'라는 메시지를 나타내는 그래프를 그리는 것이다..

그래프를 그린다고 하면 아마도 막대그래프나 원그래프가 머릿속에 떠오를 것이다. 하지만 진 젤라즈니는 막대그래프나 원그래프를 그려야 한다고 주장하지 않는다. 대신에 "당신의 내면에 있는 자그마한 여섯 살짜리 아이를 깨워보라"고 주문한다. 여섯 살짜리 아이는 이치나 규칙을 생각하지 않는다. 그러므로 자기가 전달하고자 하는 이미지를 자유롭게 종이에 그릴 수 있다.

실제로 이 책에는 배나 사람의 얼굴을 그린 사례, 가위 등을 이용해 숫자의 개념을 표현한 사례 등 사람들이 직접 그린 그래프가 담겨 있다. 이들이 그린 그래프는 막대그래프나 원그래프는 아니었지만, 충분히 전달하고자 하는 내용이 무엇인지 알 수 있다. 결국 '상대를 설득한다'는 목적만 달성할 수 있다면 그 표현 방법이 꼭 그래프나 로직트리(Logic tree)일 필요는 없다.

진 젤라즈니는 "그래프 하나하나는 시각(비주얼)에 호소하는 메시지(우뇌에 호소하는 것)인데, 각각의 그래프가 갖고 있는 메시지를 논리적으로 엮을 수 있어야 한다(좌뇌에 호소하는 것)"고 주장한다. 이 말은 설득의 본질을 꿰뚫고 있다.

조직 안에서 사람을 움직이게 만들 정도로 설득력이 있는 리더는 말을 참 잘한다. 그들의 말을 듣고 있으면 머릿속에 이미지가 저절로 떠오른다. 결국 설득력 있는 리더는 상대방의 우뇌와 좌뇌 양쪽에 호소하는 화법을 알고 있는 것이다.

부하 직원이 잘 따르는 리더에게는 특별한 것이 있다

스포츠 세계와 비즈니스 세계의 리더는 닮은 구석이 있다. 스포츠 세계의 리더가 선수의 가능성을 이끌어내야 하듯이 비즈니스 세계의 리더도 부하 직원의 능력을 이끌어내야 한다. 스포츠 세계에서는 현역 시절에 뛰어난 성적을 낸 선수가 코치로 발탁되는 경우가 많다. 그러나 실력 좋은 선수가 반드시 실력 좋은 코치가 되어 후배 양성에 성공하는 것은 아니다.

비즈니스도 마찬가지다. 판매왕까지 할 정도로 능력을 인정받는 사람이 반드시 관리자로서의 역할도 훌륭히 해내라는 법은 없다. 다시 말해 부하 직원을 자신이 원하는 방향으로 이끌 수 있을지는 미지수라는 말이다. 그렇다면 실력 좋은 선수가 실력 좋은 코치가 되지 못하는 이유는 무엇일까?

1. 자신의 방식을 지나치게 고수한다

스포츠를 예로 들어보자. 실력 좋은 선수는 자신의 연습 방법이나 스타일에 강한 자신감을 갖는 경우가 많다. 그런 선수가 코치가 되면, 자신감이 지나친 나머지 "내 방식을 철저히 따르면 틀림없이 성공한다"며 모든 선수에게 자신의 방식을 강요하기 쉽다.

물론 이 연습 방식이 잘 맞는 선수는 실력이 향상될 수 있다. 그러나 맞지 않는 선수는 사기가 떨어지고, 훈련 시간이 고통스럽게 느껴질 것이다. 실제로 이러한 문제 때문에, 크게 성장할 가능성과 재능을 갖춘 선수가 싹을 틔우기도 전에 프로 생활을 접는 경우는 빈번하다고 한다.

2. 성과와 목표에 지나치게 집착한다

성과와 목표에 집착하는 것 자체는 나쁘지 않다. 그러나 리더가 목표에 지나치게 집착하면 판단을 잘못 내리는 경우가 생긴다. 예를 들어 목표 달성에 도움이 되는 사람은 높이 평가하고 그렇지 않은 사람은 무시하는 것이다.

이러한 리더를 적절하게 표현한 말이 있다. GE사의 잭 웰치를 코치하여 유명해진 마셜 골드스미스가 한 말인데, 그는 저서 《일 잘하는 당신이 성공을 못하는 20가지 비밀》에서 '목표에 사로잡힌 음모가'라고 표현했다.

이러한 리더의 냉혹한 태도에 부하 직원은 반발심과 거부감을 느끼기 쉽다. 이러한 상태가 지속되면 부하 직원은 다른 부서로 보내줄 것을 요구하거나 아예 회사를 그만두기도 한다. 또는 무슨 수를 써서라도 상사에게 인정받아야겠다는 생각에 이기적으로 행동하거나, 법에 저촉되는 행동까지 할 수도 있다.

3. '감정' 표현이 서툴다

모든 사람이 그런 것은 아니지만 '일을 잘한다', '머리가 좋다'는 평가를 받는 대부분의 사람들은 매우 논리적이다. 뿐만 아니라 '내가 항상 옳다'는 생각에 빠지기 쉬워 부하 직원을 논리적으로 설득하려는 경향이 있다.

물론 상사가 논리적으로 말하면, 부하 직원은 반박하기 어렵다. 하지만 속으로는 '왜 내 기분은 조금도 알아주지 않지?', '난 당신처럼 우수하지 못하거든요!'라고 소리치고 있을지도 모른다.

또한 성공한 사람일수록 자신의 감정이나 기분을 솔직하게 표현하지 못하는 경우가 많다. 예를 들면 "내가 잘못 했네", "미안했어"와 같은 사과의 말을 못 하는 것이다. 대체로 이런 사람들은 감정을 내보이는 것은 '나약한 사람들이나 하는 일' 또는 부끄러운 일'이라고 잘못 생각하고 있다.

한편 성공한 사람 중에는 천부적인 능력이 있어 별다른 어려움 없이 성공하는 경우도 있다. 이런 사람들이 리더가 되면, 일에 서툰 사람들의 마음을 잘 헤아리지 못한다.

실력 좋은 리더가 될 수 없는 이유를 뒤집어서 생각하면, 실력 좋은 리더가 될 수 있는 방법을 알 수 있다.

1. 부하 직원의 장점과 개성을 개별적으로 관찰하고, 그 능력을 최대한 이끌어내는 데 주력한다
2. 일에 서툰 부하 직원은 그에게 맞는 방법을 찾아 효과적으

　　로 가르친다

3. 부하 직원의 감정을 이해하고 공감한다

4. 부하 직원과의 심리적인 거리를 좁히고 두터운 신뢰 관계
　　를 쌓아 사기를 북돋운다

삶에 큰 영향을 끼치는 스토리

'스토리(이야기)'라는 말을 들으면 제일 먼저 무엇이 떠오를까? 인류에게 맨 처음 스토리가 어떤 목적으로 사용됐는지 살펴보려면 들판이나 동굴에서 생활하던 아주 먼 옛날까지 거슬러 올라가야 한다. 별이 총총한 밤, 마을 사람들이 모닥불을 피워놓고 둘러앉은 장면을 상상해보자. 마을 족장은 과거에 마을에서 일어난 이야기를 젊은이들에게 들려주기 시작한다.

옛날 이 마을에 네오라는 젊은이가 있었단다. 그런데 어느 날 절대 가면 안 된다는 숲으로 들어가고 말았지. 그 숲에는 사나운 호랑이가 살고 있었어. 이 호랑이 때문에 아무도 숲 근처에는 얼씬도 하지 못했지. 그런데 겨울이 되어 먹이를 구하기 힘들어진 호랑이가 자꾸 마을 사람들을 덮치자, 네오가 호랑이를 때려잡겠다고 나선 거야….

이어지는 이야기 속에는 호랑이를 잡으러 숲에 들어간 네오가 호랑이와 어떻게 싸웠고 어떻게 살아남았는지, 또 이 사건이 우리에게 주는 교훈은 무엇인지 담겨 있을 것이다.

젊은이들은 족장의 이야기를 들으면서 마치 자신이 주인공이 된 것처럼 분노하고, 기뻐할 것이다. 또 이러한 수많은 이야기를 통해 사물을 이해하고, 교훈과 지혜를 배우면서 자신들의 행동을 바꾸어나갔을 것이다.

철학자인 노에 게이치(野家啓一)는 《이야기의 철학》에서 '이야기하다'의 어원은 '모방하다'이고, 모방의 대상은 '경험'이라고 기술했다. '언어'를 사용하여 자신의 경험에 '형태'를 부여하고, 더 나아가 명확한 윤곽을 갖춘 사건으로 그려내어 타인 앞에 내미는 것이 바로 이야기인 것이다. 또한 노에 게이치는 '이야기는 경험을 전승해 공동화하는 언어 장치'라고 말한다. 자신만의 경험이 말을 통해 '공공의 경험'이 되고, 궁극적으로는 전승이나 축적이 가능한 지식이 된다는 것이다.

옛날부터 전승되고 축적된 이야기는 우리 삶에 큰 영향을 끼쳤다. 이야기를 통해 자신을 설명하고 타인과 관계를 맺었으며, 함께 돕고 살아왔다.

조직에서도 상사와 부하 직원이 술자리에서 허물없이 나눈 서로의 경험담은 후에 비슷한 일을 겪었을 때 중요한 참고 사항이 될 수 있다. 이처럼 '이야기'는 항상 우리 주변 가까이에 있다.

강한 조직을 만드는 스토리텔러

기업들이 점차 세계화되면서 국적, 피부색, 종교, 성별, 문화의 차이 등 다양한 개성과 사고방식을 가진 구성원들을 어떻게 활용하고 지휘할지가 조직의 중요한 과제가 되고 있다. '다양성(Diversity)'은 이것을 배경으로 생겨난 개념이다.

글로벌 기업뿐 아니라 같은 국적의 사람들로 구성된 조직에서도 세대나 성별 등의 차이에서 여러 가지 다양성의 문제가 발생한다. 따라서 리더는 다양한 구성원들을 설득하고 하나로 모으기 위해 어떤 메시지를 전달할 것인지 고민해야 한다.

최근에 경영법 중 하나인 '웨이 매니지먼트(Way Management)'가 주목받고 있다. '웨이'란 기업 이념이나 가치관 등 미래에 계승될 기업의 DNA를 가리킨다. 웨이 매니지먼트는 기업의 DNA, 즉 웨이를 직원들에게 심어주고 실천하게 만드는 시스템을 이용한 경영법이다. 일본에서는 도요타자동차, 닛산자동차,

가오(花王) 등이 실제로 이 경영법을 도입하고 있다.

예전에 닛산자동차의 웨이 매니지먼트 담당 임원으로부터 이야기를 들을 기회가 있었다. 그 임원은 "기업 이념이나 가치관을 심어주기 위해 리더는 스토리텔러(Storyteller)가 되어야 한다"고 말했다.

강한 조직의 리더는 대부분 이야기의 달인이다. 그들은 조직의 성공담이나 실패담 또는 자신의 생생한 경험을 이야기한다. 그리고 그 스토리를 통해 조직의 이념과 가치관이 얼마나 중요한지 전달한다.

CHAPTER 02

공감을 부르는 스토리의 힘

공감을 부르는 스토리의 힘

공감을 부르는 스토리의 힘

스토리의 네 가지 장점

스토리는 공감을 불러일으켜 사람을 움직이는 요소 중의 하나로 꼽힌다. 왜 그럴까?

이 장에서는 스토리에 대해 구체적으로 알아보자. 그리고 조직 안에서 유익히게 쓰이는 '스토리 만드는 법'과 '효과적으로 전달하는 법'에 대해 살펴보자.

스토리는 크게 네 가지 장점을 갖고 있다.

1. 거부 반응 없이 받아들이게 만든다
2. 간접 경험이 가능하다
3. 학습 효과를 높이고 이해를 돕는다
4. 단순한 사실이나 데이터와 달리 오랫동안 기억하게 한다

첫 번째 장점부터 살펴보자. 스토리는 상대방에게 어떤 '생각'을 일방적으로 강요하지 않는다. 스토리에 대한 해석은 전적으로 나에게 달려 있다. 그렇기 때문에 듣는 사람은 방어 자세를 취하거나 거부 반응을 일으킬 필요 없이 안심하고 들을 수 있다.

두 번째 장점은 간접 경험이 가능하다는 것이다. 우리는 감동적인 스토리를 읽거나 들으면서 스토리 속 주인공과 똑같은 체험(간접 경험)을 할 수 있다. 주인공을 따라 눈물을 흘리기도 하고 웃기도 한다. 이처럼 우리는 스토리를 통해 주인공과 같은 감정을 공유한다. 이러한 상태를 '공감'이라고 한다.

특히 우리는 스토리 속 주인공이 처한 환경과 내 환경이 비슷하거나 같다고 생각되면 더욱 공감한다. '이건 내 얘기잖아!'라고 생각될수록 공감의 깊이가 깊어지는 것이다.

내가 방송국에서 캐스터로 활동하던 때의 일이다. 어린이 전

문 병원을 광역 자치 단체 안에 세워야 한다는 내용의 다큐멘터리를 특집으로 방송한 적이 있다. 다큐멘터리에는 난치병에 걸린 아이와 그 가족의 스토리가 등장했다. 아이는 뇌에 장애가 있었으며 여러 가지 합병증을 함께 앓고 있었다. 하지만 거주하는 지역에는 안심하고 치료받을 수 있는 어린이 전문 병원이 없었기 때문에 아이는 치료에 어려움을 겪고 있었다.

흥미로운 것은 방송이 끝난 후, 어린아이를 둔 어머니들로부터 격려 전화와 편지가 쇄도했다는 것이다. 이것은 그 어머니들이 다큐멘터리 속 주인공과 같은 감정을 공유했기 때문이다.

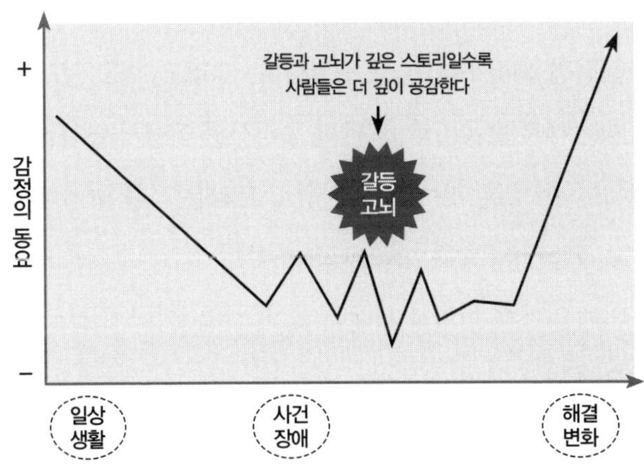

사람들은 어떤 스토리에 끌리는가?

주인공이 겪고 있는 어려움이나 장애가 클수록 감정이 동요한다. 다시 말해 '감정의 동요'가 큰 스토리일수록 사람에게 강한 인상을 준다.

세 번째 장점은 실용 도서를 떠올리면 쉽게 이해할 수 있다. 예를 들어 '다이어트 책'을 떠올려보자. 대부분의 다이어트 책은 크게 '이 다이어트를 해야 하는 이유'와 '다이어트를 한 후 살이 빠진 실제 사례'로 구성되어 있다. 다이어트 책뿐만 아니라 대부분의 실용 도서가 앞부분에 논리나 정의 등 이론적인 설명을 하고, 뒷부분에 실제 사례를 싣는다.

실용 도서가 '논리+사례'의 구성을 취하는 것은 공감과 깊은 관련이 있다. 사례(스토리)를 읽고 사람들은 '그렇구나. 나도 이대로만 하면 되겠구나!'라고 생각한다. 그리고 책을 믿고 책에서 하라는 대로 행동한다. 사례에 공감하면 책에서 말하는 논리를 납득할 수 있는 것이다. 이처럼 스토리는 사물을 이해하고, 학습 효과를 높이는 데 도움을 준다.

네 번째 장점은 기억과 관련이 있다. 다음 두 가지 질문 중 어떤 질문에 답을 하기 쉬울까?

1. 작년 우리나라 GDP 성장률은?

2. 처음 데이트한 상대의 이름은?

첫 번째 질문은 데이터나 숫자에 대한 질문이다. 물론 이 분야에 관심이 많고 일과 깊은 관련이 있다면 대답할 수 있다. 하지만 대부분의 경우, 뉴스나 신문에서 숫자를 봤다고 해도 이것은 일시적인 기억일 뿐 장기적인 기억으로 남기 어렵다.

그렇다면 두 번째 질문은 어떨까? 아마도 많은 사람이 질문을 듣자마자 머릿속에 답을 떠올렸을 것이다. 아주 오래전에 있었던 일이라도 처음 데이트한 상대의 이름은 쉽게 기억할 수 있다.

그 이유는 간단하다. 뇌 구조상 감정이 강하게 움직인 경험은 기억하기 쉽다. 누구에게나 첫 데이트는 두근거리고 행복한 경험이다. 결국 '이름'이라는 단일 데이터가 아니라 하나의 '경험(스토리)'으로 기억하기 때문에 처음 데이트한 상대의 이름을 쉽게 떠올릴 수 있는 것이다. 감정을 흔드는 스토리를 보거나 들었을 때, 그 스토리가 기억 속에 오래 남는 것도 이와 같은 이치다.

신입 아나운서 시절, 나는 아나운서 선배가 들려준 실패담을 지금도 선명하게 기억하고 있다. 선배는 손바닥만 한 크기의 수

첩에 보도할 내용을 깨알같이 적어 생중계 현장으로 향했다고
한다. 그런데 현장으로 가는 도중 사고로 안경알이 깨지는 바
람에 수첩에 적힌 작은 글씨를 전혀 알아볼 수 없었다. 그 순간
머릿속이 하얘져 생방송인데도 불구하고 몇 십 초 동안 아무 말
도 못 했다고 한다.

나는 선배의 경험담을 들으면서 식은땀이 났다. 자칫하면 나
도 똑같은 실수를 저지를 수 있다고 생각했기 때문이다. 그의 스
토리는 내 감정을 강하게 움직였고, 그 후 나에게는 항상 큰 글
씨로 메모하는 습관이 생겼다.

스토리에는 기본 구조가 있다

구조(구성 방법)에 초점을 맞추면, 스토리는 다음과 같이 정의
내릴 수 있다.

스토리란 주인공이 겪은 경험과 그 경험이 주인공과 주위에
미친 영향을 시간의 흐름에 따라 정리한 것이다.

할리우드 영화나 동화, 고난과 역경을 뛰어넘은 주인공의 다

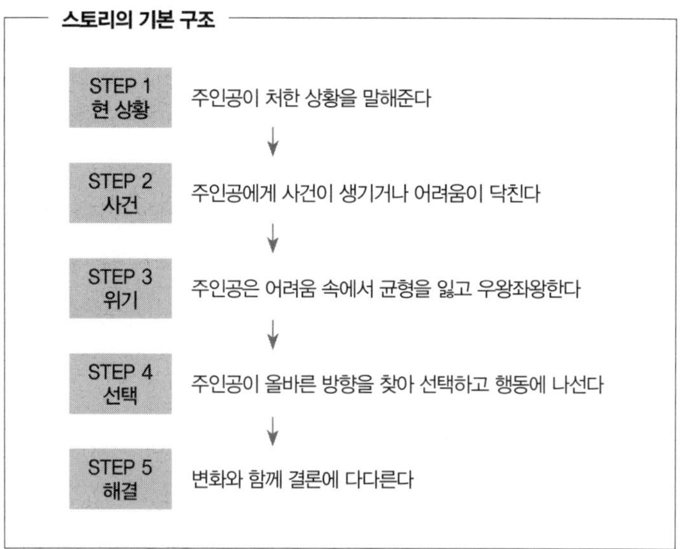

큐멘터리 등 모든 스토리에는 위와 같은 기본 구조가 있다.

지금까지 비즈니스 세계에서 스토리는 단순한 흥밋거리나 허풍에 불과하다는 취급을 받았다. 그러나 최근 스토리가 재조명되고 있다. 세계 최고의 경영자로 알려진 GE사의 잭 웰치는 "당신의 가장 큰 특징은 무엇입니까?"라는 질문에 이렇게 대답했다고 한다.

"아일랜드 사람이라는 것과 이야기하는 방법을 안다는 것뿐입니다."

잭 웰치와 같이 실력 있는 경영자는 대부분 스토리의 중요성을 충분히 이해하고 있다. 그들은 '말하기 = 스토리텔링'을 최대의 무기로 삼는다.

스토리에는 힘이 있다. 이 사실을 아는 리더들은 사람의 마음을 움직이는 스토리 제작법과 효과적인 스토리 전달법을 배우고 실천한다.

조직 안에서 스토리 활용하기

스토리는 조직이 살아남기 위해 반드시 필요한 조건 중의 하나로 꼽힌다. 조직 안에서 경영진, 상사, 동료 등은 스토리를 통해 서로의 경험을 공유한다. 이 과정에서 사람들은 지혜와 지식을 저절로 습득하여 미래의 행동에 활용할 수 있다. 이제부터 조직 안에서 스토리를 어떻게 효과적으로 활용할 수 있는지 예를 들어 살펴보자.

한 제조업체의 영업 관리자 M씨는 어느 날 영업 실적이 부진한 부하 직원에게 상담을 요청받았다. 부하 직원이 신상품의 영업 방향에 대해 고민하자, M씨는 이렇게 조언했다.

"영업은 거절당하는 순간, 시작되는 거야!"

그러자 표정이 일그러진 부하 직원이 대답했다.

"그건 이미 잘 알고 있습니다."

그 후 상담은 흐지부지 끝이 났고, 더 이상 그 부하 직원은 M씨에게 상담을 요청하지 않았다.

사실 M씨는 부하 직원의 고민을 듣고, 자신이 영업 사원을 하던 시절이 생각나 조금이라도 도움을 주고 싶었다. 그래서 클라이언트와의 관계를 장기적으로 이어가는 방법을 찾아보라고 조언하고 싶었다. 하지만 그 의도는 제대로 전달되지 않았다. 왜 그랬을까?

부하 직원의 머릿속에 '영업은 거절당하는 순간, 시작되는 것'이라는 말의 구체적인 이미지가 떠오르지 않았을 수 있다. 또 머리로는 '이해'하지만 감정이 'No'라고 반응했을 수도 있다. "영업은 거절당하는 순간, 시작되는 거야!"라는 말에서 부하 직원이 어떤 감정을 느꼈을지 생각해보자. "넌 끈기가 부족해서 안 되는 거야", "노력을 안 하니까 계속 실적이 안 오르지"라고 실책하는 것처럼 느끼지 않았을까? 이처럼 아무리 머릿속으로는 이해해도 감정이 따르지 않으면 공감할 수 없다.

만약 M씨가 이렇게 조언했다면 어땠을까?

"나는 입사 후 1년 동안 영업 실적이 늘지 않아 고민에 빠졌어. 더욱이 사람들에게 거절당할 때마다 크게 낙심했지. 그러던 중, 우연히 TV에서 회사를 일으킨 한 경영자의 다큐멘터리를 보게 됐지. 그 경영자는 사업을 시작하면서 밤낮으로 영업에 매달렸어. 사람들에게 수없이 거절당했지만 상품과 자신의 얼굴을 알리겠다는 일념 하나로 정기적으로 사람들을 찾아갔지. 상대방이 자리를 비웠을 때는 책상 위에 인사말을 적은 쪽지를 놓고 왔어. 그러기를 5년, 드디어 영업 실적이 폭발적으로 오르기 시작했어. 경영자의 한결같은 열정과 끈기에 감동받은 사람들이 잇따라 주문을 한 거야. 이 다큐멘터리를 보고 나서 나는 그 경영자를 롤 모델로 삼고 따라 했어. 신상품 소개, 전화나 이메일을 통한 안내, 회사 이벤트 안내 등을 사람들에게 꾸준히 전달했지. 물론 이 과정에서 수없이 거절을 당했어. 하지만 어느새 거절을 당해도 예전만큼 낙담하지 않게 되더라. 그 대신 언젠가는 결실을 볼 것이라는 확신이 생겼지. 그 후 6개월 후부터 내 영업 실적은 서서히 오르기 시작했어."

이 이야기를 듣고 부하 직원은 M씨가 자신을 질책하는 것이 아니라, 도움이 될 만한 '지혜'를 주려고 한다는 사실을 알았을 것이다. 그리고 M씨의 구체적인 경험담을 들으면서 앞으로 자신이 어떻게 행동할지 생각했을 것이다. 이것이 바로 '공감'이다.

사람을 움직이는 '공감 스토리'

프랑스산 생수를 판매하는 볼빅사는 '1ℓ for 10ℓ'를 캐치프레이즈로 내세우고 있다. 이것은 '볼빅사의 생수 1ℓ를 사면, 아프리카에서 청결하고 안전한 물 10ℓ가 생긴다'는 뜻이다. 더 구체적으로 설명하면 매출의 일부를 유니세프에 후원하여 식수 확보를 위한 우물을 아프리카에 만들고, 향후 10년 동안 보수를 책임진다는 내용의 캠페인이다. 이 캠페인을 실시한 2007년 7월 8일의 매출은 전년 대비 134%를 기록했다고 한다.

실제로 볼빅사의 홈페이지에 가면 아프리카에서 확보되는 물의 양이 표시되고, 매주 그 수치가 갱신된다. 소비자의 입장에서는 '자신의 아이와 같은 또래의 어린 생명을 구하고 싶다', '어차피 돈을 써야 한다면 의미 있는 곳에 쓰고 싶다'는 생각을 할 것이다. 볼빅사의 캠페인에 참여하면 이러한 생각을 실천할 수 있기 때문에 소비자는 이 회사의 생수를 선택할 확률이 높다.

볼빅사의 캠페인은 '1ℓ의 물이 10ℓ를 만든다'는 내용이 담긴 하나의 스토리다. 이러한 스토리는 고객에게도 강력한 힘을 발휘하며 고객의 구매 욕구를 자극할 수 있다. 왜 그럴까?

과거 고도 성장기에는 사람들이 편리함과 풍요로움을 추구했다. 그래서 삶을 편리하고 풍요롭게 만드는 상품이 불티나게 팔렸다. 하지만 지금은 더 이상 편리함과 풍요로움을 추구하지 않는다. 삶을 편리하고 풍요롭게 만드는 상품이 이미 포화 상태에 이르렀을 뿐 아니라 어떤 물건이나 정보든 손쉽게 얻을 수 있기 때문이다. 따라서 지금은 기능보다는 디자인, 논리보다는 스토리를 통한 '공감'이 히트 상품을 탄생시키는 열쇠가 된다.

날로 치열해지는 글로벌 시장 속에서 다양한 가치관을 가진 소비자의 마음을 사로잡으려면, 전 세계의 누가 보더라도 "Yes!"라고 감탄할 스토리를 보여줘야 한다.

특히 '소비자를 위해서'나 '주주를 위해서'라는 차원을 넘는 스토리는 더 큰 공감을 얻을 수 있다. 예를 들어 환경이나 빈곤 같은 문제를 해결하기 위해 기업이 앞장서고 있다는 것을 스토리를 통해 어필할 때, 소비자는 깊이 공감하고, 그 기업의 상품을 구매하는 것이다.

'사회에 공헌하는 기업'이라는 이미지를 사람들에게 어떤 스토리로 전달할 것인가'는 앞으로 기업들이 풀어야 할 중요한 숙제다. 기업뿐 아니라 글로벌 시대에 살아남아야 할 개인도 이 문제에 대해 곰곰이 생각해야 한다.

그럼 실제로 카리스마 넘치는 리더들은 어떤 스토리로 사람들에게 감동을 전달하는지 몇 가지 사례를 통해 살펴보자.

청춘 시절의 경험을 스토리로 엮은 스티브 잡스

애플사를 세운 스티브 잡스는 카리스마 넘치는 경영자로 유명하며 그의 말은 항상 주목을 받는다. 특히 2005년에 그가 스탠퍼드 대학교 졸업식에서 한 축사는 역사에 남을 스피치로 평가받고 있다.

이 축사에서 스티브 잡스는 세 가지 이야기를 했다. '점과 점을 잇는 것', '사랑과 상실', '죽음'이 바로 그것이다. 그중 첫 번째인 '점과 점을 잇는 것'의 일부를 살펴보자.

그 세계는 과학적인 방식으로는 따라 하기 힘들 정도로 아름답고, 유서 깊으며, 예술의 정취가 느껴졌습니다. 저는 그만 그 세계에 매료되

고 말았습니다. 그 당시에는 이 경험이 제 인생에 도움이 될 것이라고
는 생각하지 못했습니다.

그런데 10년 후, 우리가 첫 번째 매킨토시를 구상할 때, 그 경험은 고스
란히 빛을 발했습니다. 우리가 설계한 매킨토시에 그 기능을 모두 집어
넣었으니까요. 그것은 아름다운 서체를 가진 최초의 컴퓨터였습니다.

만약 제가 대학에서 서체 수업을 청강하지 않았다면 복수 서체 기능이
나 자동 자간 맞춤 기능은 없었을 것이고, 매킨토시를 따라 한 윈도우
에도 그 기능은 없었을 것이며, 결국 개인용 컴퓨터에는 이런 기능이
탑재될 수 없었을 것입니다.

만약 제가 중퇴를 하지 않았다면 서체 수업을 듣지 못했을 것이고, 결
국 개인용 컴퓨터가 오늘날처럼 뛰어난 글씨체를 가질 수도 없었을
것입니다.

물론 대학 시절 저는 앞을 내다보며 점들을 이을 수는 없었습니다. 하
지만 10년이 지나고 보니 그 연결 고리가 확실히 보이는군요.

다시 한 번 말하지만, 우리는 미래를 내다보며 점들을 이을 수는 없습
니다. 오로지 과거를 되돌아보며 이을 수 있죠. 그러므로 여러분은 그
점들이 어떤 형태로든 반드시 이어질 것이라고 믿어야 합니다. 자신의
본능, 운명, 인생, 업(業) 뭐든지 말이죠. 이런 믿음이 저를 실망시킨
적은 한 번도 없습니다. 그리고 그 믿음이 내 인생을 변화시켰습니다.

스티브 잡스는 양자로 자랐던 어린 시절 이야기, 대학에 다녀야 하는 의미를 찾지 못해 입학한 지 반 년 만에 중퇴한 이야기, 잘 곳이 없어 친구네 방의 바닥에서 잠을 자고, 먹을 것을 구하기 위해 11m나 떨어진 사원까지 걸어간 이야기, 서체 수업을 청강한 이야기를 첫 번째 스토리에 담았다.

그럼 스티브 잡스의 이야기는 어떤 구조를 취하고 있는지 한 번 살펴보자.

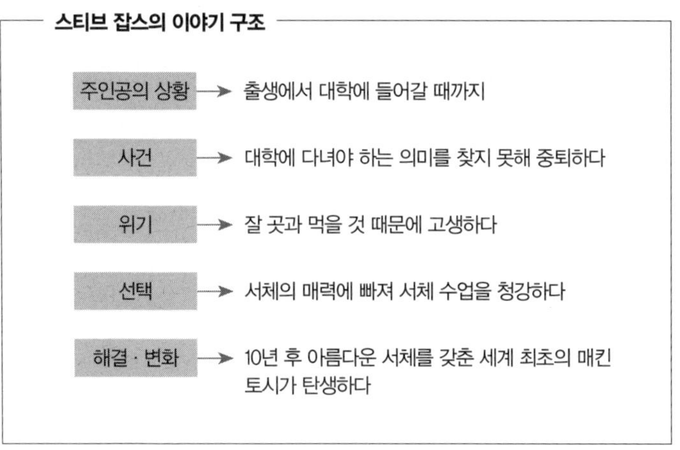

유심히 살펴보면 알겠지만, 스티브 잡스의 스토리는 '이야기의 기본 구조'를 충실히 지키고 있다. 스티브 잡스는 이야기의

기본 구조에 맞춰 연설하면서, 자신의 과거 경험이 어떤 의미가 있었는지 졸업생들에게 전달했다. 그리고 다음과 같은 교훈의 메시지를 남겼다.

"우리는 미래를 내다보며 점들을 이을 수는 없습니다. 오로지 과거를 되돌아보며 이을 수 있죠. 그러므로 여러분들은 그 점들이 어떤 형태로는 반드시 이어질 것이라고 믿어야 합니다."

이날 스티브 잡스가 들려준 세 가지 스토리는 모두 같은 이야기 구조를 취하고 있다. 또한 첫 번째 스토리와 마찬가지로 자신의 경험과 그 의미, 그리고 교훈의 메시지를 전달하고 있다.

졸업생들은 축사를 들으면서 스티브 잡스의 모습을 통해 자신의 모습을 바라볼 수 있다. '과거의 스티브 잡스처럼 지금의 나는 불안정해. 하지만 나를 믿고 걸어가면 먼 훗날 반드시 빛을 발할 수 있을 거야!'라며 미래에 대한 꿈과 희망을 얻을 수 있는 것이다.

타인의 경험을 스토리로 엮은 오바마

오바마 대통령은 스피치의 달인이라고 평가받는 리더 중 한 사람이다. 정계에 입문한 지 겨우 10년 만에 대통령의 자리까지

오른 경이로운 인물이기도 하다. 그는 과연 어떤 메시지로 많은 사람들을 움직일 수 있었을까?

그것은 바로 '공감'에 있었다. 오바마 대통령의 메시지는 세대, 가치관, 인종 그리고 국경을 넘어 많은 사람들의 마음속 깊이 자리 잡았다.

그럼 2008년 오바마 대통령의 '당선 연설'을 살펴보자. 당시 오바마 대통령이 선택한 스토리 속 주인공은 앤 닉슨 쿠퍼라는 106세 흑인 여성이었다.

앤 닉슨 쿠퍼 할머니가 태어난 것은 노예 제도가 사라진 지 1세대가 겨우 지난 시기였습니다. 당시에는 도로를 달리는 차도 하늘을 나는 비행기도 없었습니다. 그 시절 쿠퍼 할머니는 두 가지 이유 때문에 투표를 할 수 없었습니다. 첫 번째는 여성이라는 점 때문이고, 두 번째는 그녀의 피부색 때문이었습니다. 오늘 밤 저는 쿠퍼 할머니가 이 나라에서 100년 동안 살아오면서 목격하셨을 그 모든 것에 대해 생각해봅니다. 가슴앓이와 희망, 투쟁과 진보.

· · · 중간 생략 · · ·

여성의 목소리가 묵살당하고 희망이 무시당하던 시절, 쿠퍼 할머니는 지켜봤습니다. 여성들이 일어나 제 목소리를 내고 투표권을 손에

쥐는 모습을 말이죠. 그리고 그녀는 올해 터치스크린으로 투표를 했습니다.

그렇습니다. 우리는 할 수 있습니다.

나는 강연을 할 때 오바마 대통령의 당선 연설 영상을 보여주고, 어땠는지 의견을 묻는다. 사람들은 다음과 같은 감상을 공통적으로 내놓곤 한다.

- 어려운 정치 이야기가 아니라 실존하는 여성(앤 닉슨 쿠퍼)의 경험담을 인용하고 있기 때문에 매우 친근하게 느껴졌으며, 스토리에 더욱 몰입할 수 있었다.
- 한 여성의 인생을 통해 100년이라는 미국 역사의 흐름을 바라봤기 때문에 'Change', 'Yes, We can'이라는 말의 의미를 쉽게 이해할 수 있었다.
- 'Yes, We can', 'Change'라는 키워드가 여러 번 반복되어 기억에 남았다.

오바마 대통령이 앤 닉슨 쿠퍼를 주인공으로 삼은 것은 전달하고자 했던 메시지와 밀접한 관련이 있었기 때문이다.

그녀는 공민권 운동, 세계 공황, 제2차 세계 대전 등 수많은 역경을 겪으면서 미국의 역사를 지켜본 '산증인'이다.

오바마 대통령은 앤 닉슨 쿠퍼라는 개인의 인생 역정과 미국의 역사를 통해 미국이라는 나라는 '변할 수 있다(= Change)', '우리는 할 수 있다(= Yes, We can)'를 주장한 것이다.

이처럼 오바마 대통령은 타인의 경험담으로 공감을 불러일으켰다. 이것은 본인의 경험담을 이야기한 스티브 잡스의 연설과는 차이가 있다. 하지만, 둘 다 '이야기의 기본 구조'를 충실히 지키고 있다는 사실은 같다.

연설을 할 때 오바마 대통령의 매력은 리듬감과 당당한 태도, 자신감에 넘치는 표정, 중저음의 시원시원한 목소리, 억양 등 한두 가지가 아니다. 그중에서도 결정적인 요소는 다양한 사람들이 공감하는 '스토리'를 활용한다는 점이다.

실제로 오바마 대통령은 선거 기간 동안, 자신의 출생 스토리는 물론 실존하는 인물들의 스토리로 미국의 다양한 문제를 다루어 사람들의 마음을 뒤흔들었다.

예를 들어 혹독한 고용 실태를 이야기할 때는 "일리노이 주게일즈버그에서 만난 한 노동자의 이야기입니다. 그는 공장 이전으로 직장을 잃은 채 시급 7달러짜리 일을 두고 자신의 자식과 쟁탈전을 벌여야 하는 상황에 놓여 있습니다”라고 말하여 사람들의 공감을 얻는 것이다.

역대 미국 대통령 선거를 되돌아보면, 대부분의 후보자들은 정치가로서의 공적을 내세우고 주장의 ‘정당성’을 강조하는 한편, 상대 후보의 약점을 철저하게 공격하는(이른바 네거티브 캠페인) 전통적인 선거 운동 방식을 취하고 있었다.

그런데 오바마 대통령은 상대와 싸우기보다는 자신과 시민들의 경험담을 통해 자신의 생각과 주장을 이해시키는 ‘공감형 커뮤니케이션 전략’을 택했다. 이러한 전략을 펼 수밖에 없었던 것은 그가 힐러리나 매케인처럼 정치가로서의 업적이 많지 않아서 전통적인 선거 운동 방식을 택할 수 없었다는 견해도 있다.

어찌 되었든 이번 선거를 계기로 ‘공감’이 사람을 움직이는 커다란 원동력이 된다는 사실만큼은 확실해졌다. 오바마 대통령은 공감을 얻고자 할 때 스토리가 절대적인 무기가 된다는 사실을 전 세계에 알린 셈이 됐다.

미래의 스토리로 희망을 전하는 마틴 루서 킹

나에게는 꿈이 있습니다. 언젠가 조지아 주의 붉은 언덕에서 노예의 후손들과 노예 주인의 후손들이 형제가 되어 나란히 테이블에 앉는 꿈입니다.

나에게는 꿈이 있습니다. 언젠가 내 작은 네 명의 아이들이 피부색이 아니라 그들의 개성으로 평가받는 나라에 사는 날이 오는 꿈입니다.

이것은 오바마 대통령이 존경하는 흑인 지도자, 마틴 루서 킹 목사가 1963년에 했던 '나에게는 꿈이 있습니다'라는 연설의 일부다. 킹 목사는 '차별을 당하는 현실'에 초점을 맞추지 않고, '차별이 사라진 미래'에 초점을 맞추어 이야기했다. 과거의 어느 시점에서 시작되는 스토리가 아니라 아직 경험하지 못한 '미래의 스토리'인 것이다.

이 스토리는 피부색이나 국가에 상관없이 수많은 사람들의 마음을 움직였다. 차별로 고통 받는 흑인들에게는 격려의 메시지가 되었고, 백인들에게는 흑인의 입장에서 생각할 수 있는 계기를 만들었다. 가장 중요한 것은 이 스토리가 이듬해 공민권법(흑인 보호법)이 제정되는 데 기틀이 되었다는 것이다. 그리고 궁극적으로는 차별 철폐에 커다란 영향을 미쳤다.

킹 목사의 스토리처럼 미래에 대한 희망을 구체적으로 이미지화하면 '그렇게 되고 싶다'는 열망이 강해진다. 그리고 이러한 열망은 실제 행동으로 옮기게 만드는 원동력이 된다.

얼마 전, 수소 연료 전지차를 처음 선보인 혼다는 '미래의 스토리'로 직원들에게 희망을 불어넣고 있다. 혼다의 수석 엔지니어 후지모토 사치토(藤本幸人)는 '저 멀리 우리의 꿈이 있다. 꿈에 가까워지기 위해 지금 열심히 노력하는 것이다'라는 메시지를 직원들에게 꾸준히 전달한다고 한다.

수소 연료 전지차 개발은 커다란 수익을 가져올 수 있으므로 경쟁이 치열하다. 그만큼 스피드가 요구된다. 그러나 아직 새로운 분야라서 개발에 실패하는 경우도 많고, 문제도 빈번히 발생한다. 그 과정에서 직원들은 스트레스를 받고 초조해할 수밖에 없다. 이런 환경 속에서 만약 리더가 꿈에 대해 이야기하고 직원들과 함께 공유한다면, 그 시너지 효과는 막대하다.

후지모토 사치토는 자신 있게 말한다. "10년 안에, 아침에 일어나 이 차를 몰고 운전하는 날이 반드시 올 것입니다"라고 말이다.

스토리의 네 가지 기본 유형

지금까지 스토리로 나라나 조직을 움직인 리더의 예를 살펴보았다. 여기에서는 에너지를 불어넣어 사람을 움직이는 스토리 유형에 대해 알아보자. 스토리는 크게 네 가지 기본 유형으로 나눌 수 있다.

1. I STORY

이것은 '자기 자신 = I(나)'가 주인공인 스토리다. 리더가 자신의 경험담을 통해 자신의 근본적인 사고방식이나 신념, 사물을 받아들이는 태도 등을 전달하는 것이다. 'I STORY'는 리더의 인간 됨됨이를 구성원들이 받아들이고, 리더와 구성원 사이에 신뢰 관계를 쌓는 데 도움이 된다.

앞에서 소개한 영업 관리자 M씨의 스토리가 여기에 해당한다. '영업은 거절당하는 순간, 시작되는 거야!'라고 마음먹게 된 계기(= I STORY)를 부하 직원에게 이야기하는 것인데, 이야기를 들은 부하 직원은 M씨의 의도를 알아차리고, 올바른 방법을 찾아 행동할 수 있다. 뿐만 아니라 둘 사이에 마음의 벽을 허무는 계기가 될 수도 있다.

2. WE STORY

이것은 '조직의 구성원 = WE(우리)'가 주인공인 스토리다. 오바마 대통령이 당선 연설에서 말한 앤 닉슨 쿠퍼의 이야기가 여기에 해당한다. 'WE STORY'는 우리가 아는 누군가의 경험을 통해 나라(조직)가 공유해야 할 신념이나 사고방식을 심어주는 데 이용할 수 있다.

만약 고객과의 관계를 장기적으로 이어가기 위해 꾸준히 노력한 결과, 실제로 약속을 잡거나 프레젠테이션할 수 있는 기회를 얻었을 경우, 또는 영업에 성공했을 경우의 경험담을 팀원들이 공유하는 것이다.

이처럼 서로의 경험담을 공유할 수 있는 자리를 마련하면 팀 전체의 사기가 높아질 뿐 아니라 단결심도 기를 수 있다.

한편 성공담뿐 아니라 '조직(= 우리)의 실패담'도 이야기할 수 있다. 강한 조직일수록 더 적극적으로 실패담을 공유하려고 한다. 그리고 같은 실패를 두 번 다시 하지 않기 위해 무엇이 필요한지 철저히 분석한다.

3. VISION STORY

　‘VISION STORY’의 전개 방식은 딱히 ‘기본형’이라고 불릴 만큼 정해진 것이 없다. 단지 리더의 개인적인 경험에서 미래에 대한 비전으로 이어가는 흐름이 가장 많다. 자신의 경험, 즉 ‘I STORY’를 통해 중요한 이념과 가치관을 전달하고, 이것을 바탕으로 실현하고 싶은 미래에 대해 이야기하는 것이다. 전체적으로 보면 ‘I STORY’ 속에 ‘VISION STORY’가 들어가 있는 구조다.

　‘VISION STORY’의 목적은 미래를 향해 사람을 움직이는 것이다. 목적을 달성하기 위해 중간 관리자들은 ‘경영진이 제시한 비전을 구성원들에게 어떻게 심어줄 것인가’ 고민해야 한다. 특히 큰 변화가 필요할 때는 구성원들에게 비전을 얼마나 빨리 심어주느냐에 따라 실적도 큰 차이를 보일 수 있다. 따라서 중간 관리자들은 경영진이 제시한 비전을 잘 소화해 부서(팀)의 비전으로 재구성할 수 있어야 한다.

4. THEY STORY

　TV, 신문, 잡지, 영화 등 미디어를 통해 보고 들은 스토리나

타사의 사례, 역사 속 인물의 일화, 역사적 사실, 우화 등을 인용하는 것이다. 아주 간단한 예로, 아이들에게 '거짓말해서는 안 된다'는 것을 가르치기 위해 '양치기 소년' 이야기를 인용할 수 있다.

다른 사람의 스토리를 인용할 때는 신중해야 한다. 듣는 사람이 거리감을 느낄 수 있기 때문이다. 따라서 자신이 전하고 싶은 메시지와 스토리의 연관성을 생각하여, 듣는 사람의 이해를 돕는 데 도움이 될 수 있는지 잘 판단해야 한다. 예를 들어 보자.

창업자인 아버지로부터 회사를 물려받은 T씨는 조직의 가치관(value)을 재정립하기로 마음먹었다. 그는 직원들에게 '변화의 소중함'에 대해 강조하고 싶었다. 그는 이런저런 궁리 끝에 생물의 진화에 대한 과학 이론을 인용하였다.

> 살아남는 종은 가장 강한 종도 가장 똑똑한 종도 아니다. 변화에 가장 잘 적응하는 종이 살아남는 것이다.　　　　　　　　　　－ 찰스 다윈

T씨는 이 이론을 인용하여, 직원 한 사람 한 사람이 끊임없이

'변화'에 대처해야 조직이 살아남을 수 있다는 메시지를 전달했다. 메시지를 들은 직원들 반응은 좋았다. '조직도 살아 있는 생물체로서, 조직이 살아남으려면 각 구성원들이 변화에 유연하게 대처해야 한다'는 사실을 깊이 공감할 수 있었기 때문이다.

이처럼 'THEY STORY'를 자유자재로 구사할 수 있다면, 스토리텔러로서 상당한 수준에 이른 것이다. 직접적으로는 연관성이 없는 정보를 전달하고자 하는 메시지와 연결하여 스토리를 만들려면, 고도의 해석력과 정보 편집력이 필요하다. 이것을 갖춘 사람만이 'THEY STORY'를 만들 수 있다.

스토리 만드는 방법

그렇다면 스토리 만드는 방법을 구체적으로 알아보고, 실제로 직접 만들어보자.

1. 스토리 발굴하기

스토리의 기본은 '자기 자신'에 대해 이야기하는 것이다. 따라서 스토리를 만들려면 스스로를 되돌아봐야 한다. 지금까지 인생을 살면서 터득한 신념은 나의 과거를 되돌아보고 반성했을 때 비로소 떠오르기 때문이다.

스토리 발굴 작업 없이는 스토리를 만들 수 없다. 오른쪽에 제시한 'MY STORY 찾기 곡선'은 과거를 되돌아보고 반성하는 데 효과적이다. 오른쪽 빈 그래프에 실제로 한번 작성해보자.

'MY STORY 찾기 곡선'에서 세로축은 감정의 동요를 나타낸다. 위로 갈수록 긍정적인(+) 감정이 생기고, 밑으로 갈수록 부정적인(−) 감정이 생긴다.

가로축은 시간의 흐름을 나타낸다. 예에서는 근속 연수로 구분하였으나, 원래는 '세상에 태어나서 현재까지' 흐름으로 정리하는 게 좋다.

그동안의 경험을 시간의 흐름에 따라 되돌아보고, 당시에 느꼈던 긍정적인 감정과 부정적인 감정을 곡선으로 그려보자. 이때 충분한 시간을 갖고 그리는 것이 좋다. 곡선의 폭이 큰 경우에는 어떤 사건이 있었는지 말풍선을 만들어 정리하자. 이렇게 해서 완성된 그래프는 스토리의 보물 창고가 될 것이다.

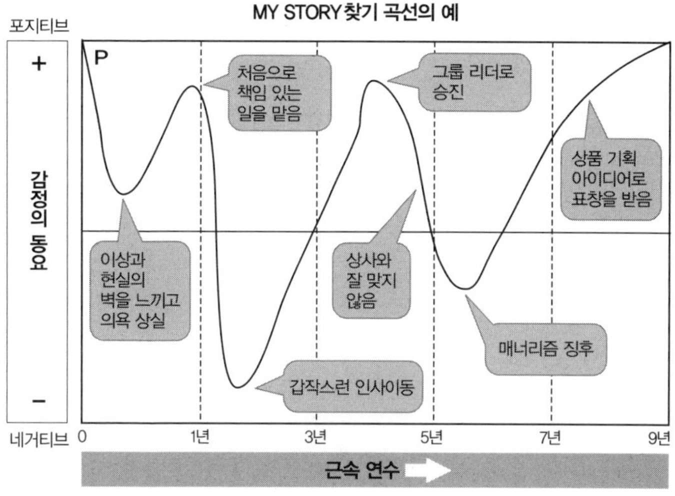
MY STORY 찾기 곡선의 예
포지티브
+
감정의 동요
−
네거티브
P
이상과 현실의 벽을 느끼고 의욕 상실
처음으로 책임 있는 일을 맡음
갑작스런 인사이동
상사와 잘 맞지 않음
그룹 리더로 승진
매너리즘 징후
상품 기획 아이디어로 표창을 받음
0
1년
3년
5년
7년
9년
근속 연수

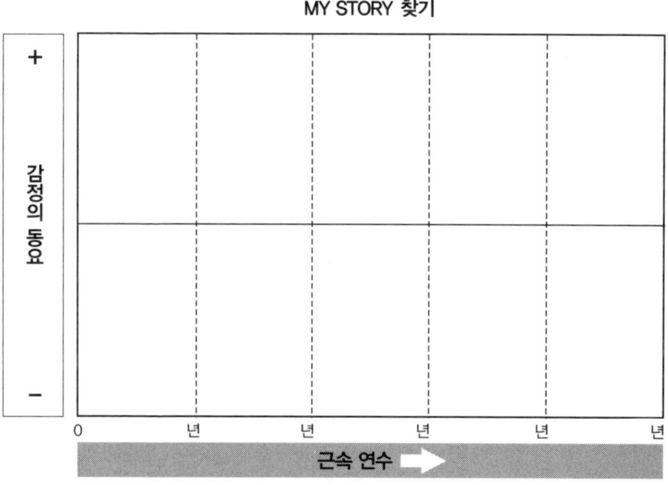
MY STORY 찾기
+
감정의 동요
−
0
년
년
년
년
년
근속 연수

2. 스토리 선택하기

곡선을 보면서 '이때는 너무 힘들었어. 하지만 이 경험이 없었다면 지금의 나는 없었을 거야', '이 경험 때문에 내가 성장할 수 있었어', '터닝 포인트야'라고 생각이 드는 경험을 고르자.

3. 제목 붙이기

스티브 잡스가 축사에서 '점과 점을 잇는 것', '사랑과 상실', '죽음'과 같이 각 스토리에 제목을 붙였듯이 내 경험에도 제목을 붙여보자. 이렇게 제목을 붙이면, 스토리의 중심과 방향을 잡을 수 있다.

4. 스토리 구성하기

제목을 정했으면 '스토리의 기본 구조'에 따라 스토리를 구성하자. 하얀 종이나 원고지 등에 직접 써도 되고 컴퓨터로 작업해도 상관없다.

작성이 끝나면 '그 경험이 나에게 준 교훈은 무엇인가?', '그 경험이 지금의 나에게 어떤 영향을 미쳤는가?'를 생각한다. 당시의 경험을 해석해보면, 그 의미를 찾을 수 있다. 그리고 처음

붙인 제목과 내용이 잘 맞는지 확인한다.

5. 소리 내어 스토리 읽기

스토리를 완성했으면 실제로 소리 내어 읽어보자. 들어줄 사람이 없을 때는 녹음하여 들어본다. 이때 주의할 점은 듣는 사람의 입장에서 듣는 것이다. 만약 부하 직원에게 들려줄 스토리를 만들었다면, 스스로 부하 직원의 입장이 되어 들어야 한다.

듣는 사람의 입장에서 들으면 많은 것을 깨달을 수 있다. 상세한 묘사가 필요한 부분을 찾을 수도 있고, 의미 부여가 제대로 안 되었다는 사실을 알 수도 있다. 듣고 난 후, 부족하다고 생각하는 부분은 수정한다.

가능하면 실제로 스토리를 활용하기 전에 가족이나 친구에게 들려주는 게 좋다. 그들의 감상평을 듣고, 수정할 사항이 있으면 수정한다.

요령을 터득했으면, 'I STORY' 외에도 'WE STORY', 'THEY STORY'에도 도전해보자.

스토리 만들 때 주의할 점

스토리를 만들 때는 어떤 점을 주의해야 하는지 알아보자.

1. '주인공(자신)이 처한 상황'은 간단히 말한다

실제로 사람들에게 스토리를 만들게 하면, 주인공이 처한 상황을 장황하게 이야기하는 사람이 있다. 하지만 스토리에서 가장 중요한 클라이맥스는 뒷부분에 나온다. 따라서 주인공이 처한 상황에 대해서는 전개될 내용을 이해하는 데 필요한 최소한의 정보만 전달하는 게 좋다.

2. 스토리의 목적을 잊지 말자

스토리를 활용할 때는 전달하고자 하는 메시지가 무엇인지 항상 염두에 두어야 한다. 목적을 잊지 말아야 한다는 것이다. 그런데 종종 이것을 잊고 '이야기하는 것' 자체가 목적이 되어버리는 경우가 생긴다. 이때 듣는 사람은 '단순한 자기 자랑'으로 받아들이거나 '도대체 하고 싶은 얘기가 뭐야?'라는 생각이 들 것이다. 자신의 의도를 제대로 전달하기 위해서는 스토리에 제목을 붙여 메시지의 '목적'을 잊지 않도록 하는 것도 좋다.

3. 스토리는 짧을수록 좋다

'짧게 이야기할 수 없다'면 자신이 전달하고자 하는 메시지가 완전히 정리되지 않았다는 증거다. 하나의 스토리는 5분 이내에 끝내는 것이 좋다. 5분이 넘어가면 듣는 사람의 집중력이 흐트러질 수 있다.

스토리의 기본 구조는 다섯 단계로 나뉘어 있으므로 각 단계별로 시간 배분을 한다. 예를 들어 '주인공이 처한 상황 40초 + 사건 40초 + 위기 1분 + 선택 1분 + 해결 및 그 경험에 대한 의미 부여 1분 20초 = 4분 40초'와 같이 배분하는 것이다. 이때 위기, 선택, 해결 단계가 스토리의 클라이맥스이므로 이 부분을 충실하게 준비하자. 만약 주어진 시간이 30분이라면 5분 이내의 스토리를 여섯 개 만들고, 전달하고자 하는 흐름에 따라 논리적으로 이어가면 된다. 5분 이내에 스토리를 끝내기 위해서는 스톱워치를 준비하여 실제로 시간을 재며 연습하면 좋다.

사람을 움직일 목적으로 만든 스토리는 일본 술 중의 하나인 '다이긴조(大吟醸)'와 같아야 한다. 술의 등급은 정미 비율에 따라 매겨지는데, 다이긴조는 정미 비율이 50%로 최고급 술로 꼽힌다. 술쌀을 최대한 깎아내어 순수한 알갱이로만 빚었기 때문에 탁하지 않고 깔끔한 맛을 자랑한다.

스토리도 마찬가지다. 전달하려는 메시지와 관련이 없는 부분은 가능한 한 깎아내고 정말 필요한 부분으로만 스토리를 만들어야 한다. 이 과정을 여러 번 반복할수록 스토리는 점점 매끄러워진다.

스토리를 잘 전달하기 위해 '스토리 보드'를 활용할 수 있다. 스토리마다 제목과 전하려는 메시지를 포스트 잇에 한 줄로 적어 화이트보드에 붙인다. 그런 다음 전달하려는 스토리의 구성에 맞춰 순서를 바꾸거나 정리하면 된다. 한마디로 '스토리텔링 맵'이라고 할 수 있다.

'스토리 보드'는 원래 디즈니사가 고안한 방법이다. 먼저 스토리의 흐름에 따라 캐릭터의 감정이나 행동 등을 그림으로 그린다. 이것을 '스토리 스케치'라고 한다. 이것을 순서에 따라 큰 보드에 붙이고, 월트 디즈니를 포함한 주요 스태프들이 이것을 보면서 토론한다. 이 과정에서 실제로 제작할 장면을 완성하는 것이다. 이 방법은 지금도 영화계를 비롯해 미술이나 디자인 등 다양한 분야에서 활용되고 있다.

스토리 표 작성하기

조직에서 스토리가 유용한 경우는 다섯 가지로 분류된다.

1. 자신을 알리고자 할 때(구성원들과 신뢰를 쌓고 싶을 때)
2. 가치관이나 이념을 심어주고 싶을 때
3. 지혜, 교훈, 아이디어를 공유하고 싶을 때
4. 팀의 단결심을 키우고 싶을 때
5. 비전을 공유하고 싶을 때

조직 안에는 스토리의 소재가 많이 있다. 이것을 자신의 것으로 만들기 위해서는 평소에 '아웃풋'을 전제로 정보를 수집하는 자세가 필요하다. 예를 들어 잡지나 TV를 볼 때, 누군가와 커뮤니케이션을 할 때, 이러한 경험이 어떤 의미가 있는지 또 어떤 상황에서 누구에게 도움이 될지 등을 항상 생각해야 한다. 늘 안테나를 세우고 있지 않으면 아무리 멋진 스토리가 눈앞에 있어도 지나칠 수 있기 때문이다.

특히 표를 만들어 매일 메모하는 습관을 들이면 더욱 도움이 된다. 표의 세로축은 스토리가 유용한 경우를 적고, 가로축은 스토리의 유형(I STORY, WE STORY, THEY STORY)을 적어 매일 거기에 맞는 스토리를 찾아 메모하는 것이다.

스토리 표의 작성 예

스토리의 유형 ＼ 스토리가 유용한 경우	I STORY	WE STORY	THEY STORY
자신을 알리고자 할 때	왜 자신이 이 일을 선택했는가?(어릴 적 경험담)		
가치관이나 이념을 심어주고 싶을 때	고객의 입장에서 생각하자(신입 사원 시절의 실패담에서 배운 것)	사장의 에피소드(창업 당시의 고생담과 거기서 생겨난 신념)	
지혜, 교훈, 아이디어를 공유하고 싶을 때	위기는 기회다(실적이 오르지 않을 때 상사의 조언으로 도움을 받은 경험)	동료 A씨의 영업 성공담(지혜)	경쟁사의 실패담에서 얻을 수 있는 교훈
팀의 단결심을 키우고 싶을 때		S씨가 고객으로부터 칭찬 받은 사례	다케다 신겐이 《풍림화산(風林火山)》에서 말한 신념
비전을 공유하고 싶을 때	최근 1년간 팀에서 이루어낸 성과와 달성했을 때의 이미지	사장이 밝힌 비전(팀에 어떤 의미가 있는가?)	

기업 이념에 생명을 불어넣는 방법

최근 직원들에게 기업 이념과 가치관을 심어주는 방법에 대해 많은 기업들이 고민하고 있다. 웨이 매니지먼트를 도입하는 기업들이 늘고 있는 것만 봐도, 이 사실을 알 수 있다. 왜 기업은 직원들에게 이념과 가치관을 심어주려는 걸까? 이 질문에 답하기 위해서는 먼저 기업 이념이 무엇인지 알아야 한다. 기업 이념은 그 기업이 존재하는 이유(= 존재 의미, 지향하는 목적)와 기업이 사회나 소비자에게 어떤 가치를 제공하는가? 하는 근본적인 사고방식을 정리한 것이다.

다음은 도요타자동차 홈페이지에 실려 있는 기업 이념이다.

도요타의 기업 이념

1	국내외 법과 그 정신을 준수하고, 개방적이며 공정한 기업 활동을 통해 국제 사회에서 신뢰받는 기업을 지향한다.
2	세계 각국의 문화와 관습을 존중하고, 지역에 뿌리내린 기업 활동을 통해 경제·사회 발전에 공헌한다.
3	깨끗하고 안전한 상품을 제공할 것을 사명으로 삼고, 모든 기업 활동을 통해 살기 좋은 지구와 풍요로운 사회를 만드는 데 힘쓴다.
4	최첨단 기술 연구와 개발에 힘써 전 세계 고객들의 요구에 부응하는 매력적인 상품과 서비스를 제공한다.
5	노사 간의 상호 신뢰와 책임을 바탕으로 개인의 창의성과 팀워크의 장점을 최대한 살리는 기업 풍토를 조성한다.
6	글로벌하고 혁신적인 경영으로 사회와 조화를 이룬 성장을 지향한다.
7	열린 거래 관계를 기본으로 상호 연구와 창조에 힘써 장기적으로 안정적인 성장과 상생을 구현한다.

홈페이지에는 다음의 문장도 함께 올라와 있다.

도요타의 기업 이념은 '기업을 둘러싼 환경이 크게 변할 때야말로 확고한 이념을 갖고 나아갈 길을 지켜보는 것이 중요하다'는 인식을 바탕으로 만들어졌습니다.

이 문장에서도 알 수 있듯이 도요타는 환경이 크게 변화하는 시대일수록 '결코 바꾸어서는 안 되는 것을 정해놓고 소중히 지켜야 한다'는 정신을 강조한다. 이처럼 기업 이념은 아무리 시대가 바뀌어도 흔들리지 않는 중심축이자 '기업이 가장 소중히 여기는 것'이다.

기업 이념이 확고한 조직은 나아가야 할 방향을 공유하고 있기 때문에, 구성원들이 하나가 되어 미래를 향해 매진할 수 있다. 반대로 기업 이념이 불확실하거나 확고하지 않은 조직은 미래를 향해 매진할 수 없다. 구성원 각각이 무엇을 위해서 일하고(존재 의미), 회사가 앞으로 어떤 방향으로 가야 하는지 가늠할 수 없기 때문이다.

나아가야 할 방향을 가르쳐줄 사람이 없고, 구성원들의 행동과 마음이 제각각이라면, 구성원들은 변화하는 환경에 쉽게 적응하지 못한다. 뿐만 아니라 구성원들이 우왕좌왕하는 동안 조직력은 약해진다. 또한 아무리 좋은 기업 이념이라도 액자에 넣어 보기 좋게 걸어놓기만 하고 구성원들에게 제대로 주지시키지 못하면, '그림의 떡'에 불과하다.

미래를 향해 제대로 매진하기 위해서는 기업 이념에 반드시 생명을 불어넣어야 한다. 구성원 한 사람, 한 사람이 기업 이념을 '내 것'으로 받아들여 행동에 반영했을 때, 비로소 이념은 생명을 얻는다.

기업 이념 주지시키기

구성원들이 기업 이념을 '내 것'으로 받아들이려면, 무엇보다 개개인이 '공감'할 수 있어야 한다. 주식회사 와타미사의 CEO, 와타나베 미키(渡邉美樹)는 세 달에 한 번 정도 홋카이도(北海道)에서 규슈(九州)까지 전국을 돌며 이념 교육을 한다. 사원들에게 기업 이념을 주지시키기 위해서다.

와타나베는 "기업 이념을 구성원들에 주지시키지 못하면, 실적 향상은 기대할 수 없다"고 단언한다. 그리고 자신의 경험이나 신념 등에 대해 이야기하는 것이야말로 가장 효과적으로 기업 이념을 주지시킬 수 있는 방법이라고 말한다.

수많은 강연회에서 와타나베는 기업 이념과 자신의 신념에 대해 다음과 같이 말했다.

- 감사하다는 말을 지구상에서 제일 많이 듣고 싶다.
- 스스로에게 거짓말하지 않고, 정신을 기쁘게 할 일을 할 것이다.
- 불가능한 일을 하는 것이야말로 진정한 서비스다!
- 이익보다 멋진 추억을 만드는 것에 중점을 두자!
- CS(고객 서비스)라고 생각하지 말고, 내가 하고 싶은 일을 한다고 생각한다.
- 자신의 가치를 높이자.
- 타인과 함께 공존하며, 서로 발전하도록 분담하자.

'회사에서 가장 소중히 여기는 것'을 '자신의 경험 및 신념'에 비추어 이야기하면, 구성원들은 말하고자 하는 바를 이해하고, 쉽게 받아들일 수 있다. 왜 이러한 기업 이념이 생겼는지 충분히 알 수 있기 때문이다. 따라서 구성원들은 '아! 이래서 이념이 중요한 것이구나'라고 공감하고, '좋아! 한번 해보자!'라는 동기 부여로 이어진다.

이런 방법은 중간 관리자도 쉽게 활용할 수 있다. 구성원들에게 전달하고자 하는 메시지를 매우 짧은 문구나 키워드로 표현하는 것이다. 이것은 '전하고자 하는 메시지가 무엇인가?'를 명확히 해준다.

방법은 스토리에 제목을 붙이는 작업과 비슷하다. 앞에서 스티브 잡스는 '점과 점을 잇다'라는 제목을 먼저 말하고 본론으로 들어갔고, 오바마는 'Change'라는 키워드를 일관되게 사용했다. 이처럼 스토리에 제목을 붙이면, 자연스레 포인트가 잡힌다.

한편 와타나베는 "이념을 주지시키는 일은 상당히 어려운 작업"이라고 털어놓는다. 스토리를 매개로 기업 이념을 들은 구성원들은 '이념이 참 중요하구나'라고 쉽게 공감하는 한편, 쉽게 잊어버리는 경향도 있기 때문이다.

와타나베는 구성원들에게 이념을 주지시키는 일을 '기싸움'이라고 표현한다. 그리고 이념을 제대로 주지시키려면 지속적으로 마음을 전하는 수밖에 없다고 말한다. 이것이 와타나베가 막대한 비용을 들이면서까지 세 달에 한 번꼴로 이념 교육을 실시하는 이유다.

스토리가 통하지 않을 때도 있다

스토리는 사람들로 하여금 공감을 불러일으키고, 사람을 움직이는 데 강력한 힘을 발휘한다. 하지만 스토리가 모든 상황에서 통하는 것은 아니다. 예를 들어 돌발 상황이 발생했을 때는 긴급히 대처해야 하기 때문에 여유롭게 이야기할 시간이 없다. 이럴 때는 스토리를 활용하지 말고, 적절한 지시나 명령, 교육을 통해 신속히 부하 직원을 움직여야 한다. 뿐만 아니라 사람을 움직이는 것이 아니라 단순히 데이터를 공유하는 게 목적일 때는 굳이 스토리를 활용하지 않아도 된다. 스토리를 통해 공감을 불러일으키고, 궁극적으로 사람을 움직이는 데는 꽤 많은 시간이 걸린다. 사람은 쉽게 변하지 않기 때문이다. 따라서 리더에게는 인내심이 필요하다. 충분한 시간을 들여서라도 주지시킬 만한 가치가 있는 것(이념, 가치관, 비전 등)에 대해서 몇 번이고 같은 이야기를 해야 한다.

한편 '사람들에게 스토리를 얼마나 잘 전달하느냐'는 전달하는 사람의 역량에 달려 있다. 여기에서 역량은 메시지의 구성력, 표정, 태도, 목소리의 표현력 그리고 전달하고자 하는 리더의 정열과 진심 등을 포함한다. 앞으로 설명할 스타일, 애드리브 요소 등도 모두 여기에 포함된다.

CHAPTER 03

공감을 이끄는 '스타일'

공감을 이끄는 '스타일'

신뢰받는 리더가 되는 세 가지 조건

'공감'을 이끌어내기 위해서는 '신뢰'가 바탕이 되어야 한다. 그렇다면, 신뢰는 어떻게 생겨나는 것일까? 여기에는 세 가지 요건이 필요하다.

1. 믿을 수 있는 사람
2. 언행일치
3. 일관성

‘현대 경영학의 아버지’라 불리는 피터 드러커는 훌륭한 리더의 조건 중 하나로 ‘신뢰받는 사람’을 들었다. 당연한 이야기지만, 신뢰할 수 없는 리더를 따를 사람은 없다. 흥미로운 것은 ‘좋아한다’는 것이 꼭 ‘신뢰한다’는 것을 의미하지는 않는다는 것이다. 인간적으로는 매우 괜찮은 사람이라도 리더로서는 신뢰할 수 없는 경우도 있다.

싱크탱크 소피아뱅크의 대표이자 다마(多摩)대학교 교수인, 다사카 히로시(田坂広志)는 “리더는 자신이 진심으로 믿고 있는 것을 이야기해야 한다”고 말한다. 말에 거짓이 없고 정직해야 한다는 뜻이다. 평소 부하 직원은 리더의 언행을 유심히 본다. 만약 리더의 언행이 일치하지 않거나 일관성이 없으면, 부하 직원의 입장에서는 리더를 믿고 따르기 어렵다. 따라서 부하 직원으로부터 신뢰를 얻기 위해서는 말과 실제 행동이 일치해야 한다.

강한 조직의 리더는 신뢰를 쌓는 방법으로 스토리를 이용하기도 한다. 개인적인 경험을 이야기하면서, 그 경험이 자신에게 무엇을 가르쳐주었고, 그 교훈과 깨달음이 조직의 이념과 가치관에 어떻게 부합하는지 일관성 있게 말하는 것이다. 놓치지 말아야 할 것은 구성원들은 리더의 표정, 태도, 목소리 톤 등 말 이외의 요소에서도 진지함과 정직함을 발견할 수 있다는 사실이다. 구성원들은 리더의 이야기에서 진정성을 느낄 때, 리더를 믿고 따른다.

내가 알고 있는 리더 중의 하나는 아무리 작은 것이라도 '구성원들과의 약속은 반드시 지킨다'고 한다. 이것이 바로 팀 구성원들로부터 가능한 한 빨리 신뢰를 얻는 방법이라고 강조한다. 예를 들어 "아침에 제일 일찍 회사에 나와 여러분의 얼굴을 보면서 한 사람 한 사람에게 인사를 건네겠습니다"라고 했다면 그 약속을 지키는 것이다. 그렇게 하면, 구성원들로부터 단숨에 신뢰를 얻을 수 있다. 말과 행동이 일치하고, 일관성이 있으므로 구성원들은 리더를 믿을 만한 사람이라고 생각한다. 이 세 가지 조건을 충족하면 신뢰받는 리더가 될 수 있다.

스타일이 결정되는 두 가지 요소

한순간에 믿을 만한 사람인지 아닌지를 가려내기는 어렵다. 신뢰는 평소 언행을 바탕으로 차근차근 쌓아가는 것이기 때문이다. 하지만 한순간에 상대방을 판단 할 수 있는 요소가 있다.

바로 '스타일'이다.

스타일은 그 사람에게서 풍기는 인상이라고도 할 수 있다. 예를 들어, '이 사람은 당당해', '느낌이 참 좋은 사람이군'이라고 느끼는 것이다.

그렇다면 우리는 무엇을 보고 이러한 평가를 내리는 것일까? 사람의 스타일에 대해 평가할 때는 크게 두 가지 포인트에 주목할 수 있다.

언어 메시지 : 말하는 사람의 메시지 내용과 의미
비언어 메시지 : 태도, 표정, 몸짓, 목소리 톤, 크기, 억양, 리듬

커뮤니케이션을 할 때는 상대방에게 언어 메시지뿐 아니라 비언어 메시지도 동시에 전달된다. 이런 부분들이 종합적으로 상대에게 어떠한 인상을 주는지에 따라 스타일이 결정된다.

예를 들어 업무 보고를 하는데, 상사가 부하 직원은 보지도 않고 컴퓨터만 바라보고 있다고 하자. 더욱이 미간을 찌푸린 채 "다 듣고 있으니까 어서 말해"라고 언짢은 목소리로 말한다

면 어떨까? 아무리 악의 없는 행동이었다고 할지라도 부하 직원이 상사의 스타일을 어떻게 평가했을지는 물어보지 않아도 짐작할 수 있다.

또 다른 예를 들어보자. 같은 내용으로 두 사람이 프레젠테이션 발표를 한다고 하자. 한 사람은 밝은 표정에 시원시원한 말투로 말하고, 다른 한 사람은 어두운 표정에 우물쭈물 알아듣기 힘든 말투로 말했다면, 둘 중 누구의 스타일을 긍정적으로 평가할까? 또 표정이나 태도, 목소리 톤 등은 느낌이 좋은데, 앞뒤가 맞지 않는 이야기를 하는 사람을 보고 주위 사람들은 어떻게 평가할까?

이처럼 언어 메시지와 비언어 메시지 모두 스타일을 만드는 데 영향을 미친다. 결과적으로는 상대방과 신뢰를 쌓는 데에도 영향을 끼친다.

스타일의 토대 쌓기

스타일의 영향력에 대해 잘 알고 있는 리더들은 스타일에 지대한 관심을 보인다. 그리고 사람들이 긍정적으로 평가하는 스타일를 익히려고 노력한다. 예를 들어 인자한 표정이나 사람들이 선호하는 목소리 톤을 연습하는 것이다.

그렇다고 눈에 보이는 것, 귀에 들리는 것과 같이 표면적인 것만 연습하면 된다고 생각하면 오산이다. 표면적인 것을 연습하기 전에 '스타일의 토대 = 기초'를 쌓아야 한다. 스타일의 토대는 우리들 내면에 있다.

어떤 사물을 판단할 때, 사람들마다 '해석하는 방식'이나 '의미 부여 방식'이 다르다. 예를 들어 영업 사원, A와 B가 있다고 하자. A는 영업에 대해 다음과 같이 생각한다.

'영업은 강매하는 듯한 느낌을 줘. 왠지 고객에게 귀찮은 일을 하는 것 같아서 마음이 불편해.'

한편 B는 이렇게 생각한다.

'영업은 고객들이 풍요로운 생활을 할 수 있도록 도와주는 일

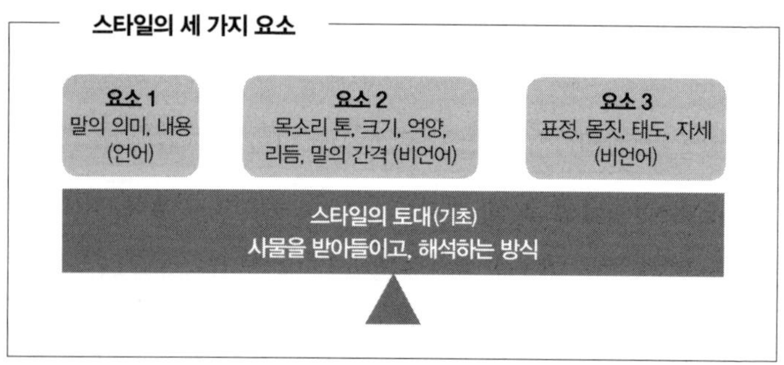

이야. 정말 멋진 일인 것 같아.'

영업이라는 똑같은 일을 두고 A와 B는 전혀 다른 의미를 부여하고 있다. A는 영업에 대해 부정적으로, B는 긍정적으로 받아들이는 것이다. 이러한 생각의 차이가 실제 영업을 할 때 어떤 영향을 미칠까?

고객에게 안 좋은 일을 하는 것 같아서 마음이 불편한 A는 고객 앞에만 서면 자신감이 사라질 것이다. 영업에 대한 부정적인 생각 때문에 고객 앞에서 표정 관리가 힘들고, 그렇다 보니 상품의 장점을 제대로 전달하기 어려울 것이다.

한편 B는 고객이 풍요로운 생활을 할 수 있도록 항상 고객의 입장에서 생각할 것이다. 또한 영업을 긍정적으로 생각하기 때문에 고객 앞에서 적극적일 것이다. 이러한 B의 태도는 결과적으로 고객의 신뢰를 얻고, 남들보다 빨리 영업 성과를 올리는 데 도움을 줄 것이다.

사물을 해석하는 방식이나 의미 부여 등은 자연스럽게 말, 표정, 태도, 목소리 톤 등에 반영된다. 따라서 이런 표면적인 것을 연습하기 전에 내면의 토대를 쌓으려고 노력해야 한다.

한편 일을 대하는 상사의 태도는 부하 직원에게 큰 영향을 끼친다. 상사가 일에 어떤 의미를 부여하고, 어떤 식으로 해석하느냐에 따라 업무를 대하는 부하의 스타일이 바뀐다.

리더 스타일 만들기

그렇다면 진정한 리더가 되기 위해서는 어떤 토대를 쌓아야 할까? 다음 질문에 답해보자.

- 리더로서 '이것만은 반드시 지켜야 한다'고 생각하는 룰을 하나만 든다면?
- 리더로서 가장 소중히 하는 것은?
- 구성원들로부터 어떤 리더라는 말을 듣고 싶은가?
- 리더로서 '무슨 일이 있어도 이것만은 하지 않겠다'고 생각하는 것은?
- 리더로서 구성원들의 사기 진작을 위해 할 수 있는 일은?
- 팀원들이 리더인 자신에게 기대하는 것은?
- 지난 1년 동안 이뤄낸 성과는?

이처럼 구체적인 질문을 만들어 스스로 대답하다 보면 리더로서의 스타일을 만들 수 있다. 이러한 질문은 자신뿐 아니라 '구성원의 입장에서', '팀의 입장에서' 생각하게 한다는 데 의의가 있다. 또한 리더에게 필요한 스타일란 무엇인지 생각하는 계기를 만들어준다.

따라서 이 방법은 새롭게 리더가 됐을 때와 같이 자신의 스타일을 크게 바꿔야 할 시기에 유용하다. 위의 질문을 바탕으로 자신의 스타일을 업그레이드할 수 있다.

질문에 바로 답하지 못해도 상관없다. 사실 질문에 답하는 것은 중요하지 않다. 위와 같은 질문이 항상 자신의 내면에 존재한다는 사실이 더 중요하다. 무의식적으로라도 질문들에 대해 신경을 쓰는 상태를 만드는 것, 그 자체에 의미가 있기 때문이다.

스타일 점수가 높은 사람

빌 클린턴 전 미국 대통령을 옆에서 지켜본 사람들은 모두 그의 팬이 된다고 한다. 그와 이야기를 하다 보면 눈빛, 태도, 표정 등 모든 것에서 '당신은 중요하다'는 메시지가 전해지기 때문이다. 그는 남의 이야기를 잘 듣기로 유명한데, 상대방이 국가

원수든 호텔 벨 보이든 상관없이 거기에는 마치 그 사람밖에 없다는 태도로 듣는다.

여기서 주목할 점은 클린턴과 직접 이야기하지 않은 사람도 그의 스타일을 보고 '이 사람은 신뢰할 수 있다'고 판단한다는 것이다.

우리는 무의식적으로 '스타일 점수'를 매긴다. 타인의 언행을 관찰하고 그 인상에 대해 평가하는 것이다. 누군가의 스타일을 보고 '이 사람은 신뢰할 수 있다', '이 사람이라면 진심을 말해도 괜찮다'라는 생각이 들면 상대방에 대한 점수는 높아진다. 점수가 높아질수록 신뢰도도 높아진다.

반대로 스타일 점수가 낮아지는 경우도 있다. 예를 들어 옆 부서의 리더가 부하 직원을 부당한 이유로 야단치는 현장을 목격했다고 하자. 그 리더와 직접 이야기한 적이 없어도 자연스레 '저 사람 밑으로는 들어가고 싶지 않다', '저 사람한테는 말 걸기 어렵다'는 등의 부정적인 평가를 하게 될 것이다.

리더의 스타일은 주위에 긍정적인 영향을 줄 수도 있고 부정적인 분위기를 조성할 수도 있다. 따라서 영향력이 큰 리더는 평소에 자주 이야기를 나누는 부하 직원이나 구성원들뿐 아니라 주변 사람들도 그를 주목하고 있다는 사실을 간과해서는 안 된다.

당신의 스타일 점수는?

체크 리스트를 이용하여 자신의 스타일을 점검해볼 수 있다. 다음 페이지에 실린 질문에 대답하면서 자신의 행동을 살펴보자. '평소에 무의식적으로 하는 행동이라 잘 모르겠다'는 생각이 들 수도 있다. 이럴 때는 부하 직원이나 동료에게 점수를 매겨달라고 하면 된다. 이러한 과정을 통해 자신의 스타일을 향상시킬 수 있다.

예를 들어 스스로는 5점이라고 생각했던 항목에 부하 직원이나 동료는 2점을 매길 수도 있다. '스스로는 전혀 몰랐는데, 다른 사람들한테는 내가 이렇게 보이는 구나'라고 생각할 수 있다. 이러한 생각은 개선의 가능성을 열어준다. 스스로 인식하지 못하면 개선하는 것은 불가능하기 때문이다.

스스로 의식하고 지금의 스타일을 개선해나갈 때, 비로소 클린턴 수준의 스타일을 발산할 수 있는 경지에 오를 수 있다.

스타일 체크 리스트

5 : 정말 그렇다　4 : 그렇다　3 : 보통이다
2 : 그렇지 않다　1 : 전혀 그렇지 않다

1	상대방의 이야기가 끝날 때까지 침묵하고 듣는가?	1 2 3 4 5
2	상대방이 이야기하기 편한 분위기를 만드는가?	1 2 3 4 5
3	상대방이 이야기할 때 맞장구를 치는가?	1 2 3 4 5
4	상대방 쪽으로 몸을 돌리고 있는가?	1 2 3 4 5
5	상대방과 시선을 맞추는가?	1 2 3 4 5
6	상대방에게 새로운 자극이나 깨달음을 줄 수 있도록 적절한 질문을 하는가?	1 2 3 4 5
7	요점을 간결하게 전달하는가?	1 2 3 4 5
8	이야기의 주제나 목적이 분명한가?	1 2 3 4 5
9	상대방을 배려하는 단어를 선택하고 있는가?	1 2 3 4 5
10	감정 조절이 잘 되는가? (울컥하지 않는다, 감정의 기복이 별로 없다)	1 2 3 4 5
11	침착한 태도로 대하는가?	1 2 3 4 5
12	상대방이 공감할 수 있는 이야기를 하는가?	1 2 3 4 5
13	이야기의 키워드가 명확한가?	1 2 3 4 5
14	억양, 어미가 명료해 알아듣기 좋은가?	1 2 3 4 5
15	이야기를 쉬는 타이밍이나 리듬이 적절한가?	1 2 3 4 5
16	목소리에 억양이 있는가?	1 2 3 4 5

17	목소리의 크기가 적당한가?	1 2 3 4 5
18	서 있는 자세나 걸을 때의 자세가 시원시원한 인상을 주는가?	1 2 3 4 5

표정 연습으로 호감도 높이기

스타일의 요소 중 하나인 '비언어 메시지'를 효과적으로 활용하면, 신뢰를 쌓을 수 있다. 여기에서는 '표정'과 '목소리'를 중심으로 살펴보자.

아나운서 시절에 나는 가장 빨리 얼굴 표정을 바꾸기 위해서는 눈가와 입가의 표정을 바꿔야 한다는 사실을 알게 됐다. TV 방송국 아나운서는 직업상 촬영할 일이 많은데, 포토그래퍼들은 대체로 입가와 눈가에 초점을 맞추어 표정을 요구한다.

"눈을 최대한 크게 떠보세요."

"가볍게 미소를 지으세요."

"약간 이가 보이게 웃으시겠어요?"

포토그래퍼들이 이렇게 요구하는 것은 시청자들이 화면을 보고, 아나운서에 대해 '좋은 인상'을 갖게 하기 위해서다.

동물행동학자, 데즈먼드 모리스는 《맨 워칭》에서 눈가 인상의 중요성에 대해 언급하면서 흥미로운 실험 결과를 소개한다.

일단 한 여성의 포스터를 두 장 준비한다. 한 장은 그대로 두고, 나머지 한 장은 눈동자를 덧칠하여 더 커 보이게 만든다. 포스터를 보는 사람들에게는 이 사실을 알리지 않고 어느 쪽에 더 호감이 가는지 고르도록 하는 것이다. 신기하게도 대다수의 사람들은 눈동자를 덧칠한 포스터를 선택했다.

사람의 눈동자는 사실 감정의 변화에 따라 그 크기가 변한다. 호감이 가는 것을 보면 눈동자가 커지고, 호감이 별로 가지 않는 것을 볼 때는 작아진다. 결국 사람들은 눈동자가 큰 포스터를 보면서 '이 여성이 나에게 호감을 느끼고 있다'고 무의식적으로 판단하고, 그 포스터를 고르는 것이다. 우리는 이처럼 '눈동자 신호'에 따라 서로의 감정을 확인한다. 흔히 '눈으로 말한다'고 하는데 이는 동물행동학 관점에서도 맞는 이야기라고 한다.

최근 시판되는 콘택트렌즈 중에는 가운데 부분에 눈동자 모양을 그려 넣어, 착용했을 때 눈동자가 커 보이게 하는 것도 있다.

렌즈를 착용하지 않고도 눈동자가 커 보이려면 어떻게 해야 할까? 이마에 힘을 주어 위로 끌어올린다. 그러면 눈꺼풀도 따라서 올라가므로 눈동자 전체가 보인다. 이때 입은 입꼬리를 올려 입술 모양이 V자에 가까워지도록 한다. 그렇게 하면 '미소'에 가까운 표정을 만들어낼 수 있다. 반대로 입꼬리가 내려가면 기분이 언짢아 보이거나 어두운 인상을 주므로 주의하자.

입가와 눈가의 표정을 의식적으로 만들다 보면 나도 모르는 사이에 인상이 달라진다. 거울을 보면서 확인하자.

목소리 전달력 높이기

아마도 라디오를 들으면서 마음이 편해지는 느낌을 받은 적이 있을 것이다. 라디오 DJ처럼 흔히 이야기의 달인이라 불리는 사람들은 듣는 사람을 편안하게 만드는 신통한 능력을 갖고 있다. 그 비밀은 바로 '목소리'에 있다. 목소리를 구성하는 요소는 발성, 톤, 리듬, 억양 등 다양하다.

한편 자신의 목소리 때문에 고민하는 사람들은 대부분 다음과 같은 이유를 꼽는다.

1. 목소리를 알아듣기 어렵다
2. 발음이 나쁘다

3. 목소리 톤이 단조롭다

4. 긴장하면 말이 빨라진다

이를 뒤집어보면 이야기의 달인이 되기 위한 힌트를 얻을 수 있다. 1. 목소리 전달력이 좋고, 2. 발음이 정확하며, 3. 목소리 톤이 단조롭지 않고, 4. 적당한 빠르기로 이야기하는 것이다.

그럼 제일 먼저 목소리 전달력을 높이는 방법에 대해 살펴보자. 목소리 전달력은 신체의 어느 부분을 이용해 발성하느냐에 따라 달라진다. 우물쭈물 알아듣기 어렵게 말하는 사람들은 대체로 배에 힘을 주지 않고 말한다.

목소리 전달력을 높이려면 '복식 호흡'이 기본이다. 다음 순서대로 따라 하다 보면 복식 호흡에 능숙해질 수 있다.

1. 일어나서 배에 손을 댄다. 다리를 어깨너비로 벌리고 긴장을 푼 다음 배꼽 부분에 몸의 중심을 싣는다.

2. 입은 다문 채, 배가 부풀어 오를 때까지 코로 최대한 많은 공기를 들이마신다. 그대로 3초 동안 숨을 멈춘다.

3. 하품을 하듯이 "아~" 하고 소리를 내면서 배가 쏙 들어갈

때까지 공기를 완전히 내뱉는다. 몸 전체를 악기라고 생각

하고 배로 공기를 들이마시고 내쉰다.

발성 연습표

가	구	거	고	그	기	게	개	갸	교	겨	규
나	누	너	노	느	니	네	내	냐	뇨	녀	뉴
다	두	더	도	드	디	데	대	댜	됴	뎌	듀
라	루	러	로	르	리	레	래	랴	료	려	류
마	무	머	모	므	미	메	매	먀	묘	며	뮤
바	부	버	보	브	비	베	배	뱌	뵤	벼	뷰
사	수	서	소	스	시	세	새	샤	쇼	셔	슈
아	우	어	오	으	이	에	애	야	요	여	유
자	주	저	조	즈	지	제	재	쟈	죠	져	쥬
차	추	처	초	츠	치	체	채	챠	쵸	쳐	츄
기	쿠	커	코	크	키	케	캐	캬	쿄	켜	큐
타	투	터	토	트	티	테	태	탸	툐	텨	튜
파	푸	퍼	포	프	피	페	패	퍄	표	펴	퓨
하	후	허	호	흐	히	헤	해	햐	효	혀	휴

복식 호흡이 익숙해졌다면, 이제 발성 연습을 하자. 이때 앞 페이지의 발음표를 활용하면 편리하다. 처음부터 끝까지 순서대로 한 자 한 자 또박또박 끊어서 발성한다. 한 자 한 자 발성할 때마다 배 근육이 움직이면 제대로 발성한 것이다.

진주 목걸이를 연상하며 발음 연습하기

나는 신입 아나운서 시절에 선배들에게 "발음할 때는 진주 목걸이를 연상하라"는 말을 수없이 들었다. 진주 목걸이와 발음에는 도대체 어떤 관계가 있는 걸까?

진주 목걸이는 같은 크기의 진주알을 가지런히 엮어서 만든다. 가지런히 엮인 같은 크기의 진주알처럼, 발음을 할 때는 한 글자 한 글자 같은 크기로 발음해야 한다. 처음에는 어려울 수 있다. 하지만 의식적으로라도 같은 크기로 발음하도록 노력하자.

그럼 다음 문장을 소리 내어 읽어보자.

오·늘·의·서·울·날·씨·는·맑·다·가·끔·흐·리·겠·습·니·다.

이때 천천히 읽든 빠르게 읽든 속도는 상관이 없다. 중요한 것은 한 글자도 빠짐없이 정확하게 발음하는 것이다. 각각의 발음에는 그에 맞는 입술 모양이 있다. 발음의 기본이 되는 모음 '아', '에', '이', '오', '우'의 입술 모양을 살펴보자.

- '아'는 입을 크게 위아래로 벌린다.
- '에'는 턱을 당기고 혀를 앞으로 밀어내듯이 발음한다.
- '이'는 입꼬리를 좌우로 쭉 잡아당긴다.
- '오'는 입술을 오므리고 위아래로 벌린다.
- '우'는 입술을 가운데로 모으듯이 작게 오므린다.

각각에 따른 입술 모양을 알았다면, 이제 거울을 보면서 연습하자. '아'를 발음할 때는 입을 크게 위아래로 벌렸는지, '이'를 발음할 때는 입꼬리를 좌우로 쭉 잡아당겼는지 거울을 통해 확인하자.

입술 모양을 정확히 하여 한 글자 한 글자 같은 크기로 발음하다 보면 점차 발음이 명료해진다. 더 이상 발음 때문에 메시지가 제대로 전달되지 못하는 불상사는 일어나지 않을 것이며,

어느새 '발음 좋다'는 평가를 받게 될 것이다.

발성 연습표를 바탕으로 발음 연습을 충분히 한 다음에는 '들의 콩깍지는 간 콩깍지인가, 안 깐 콩깍지인가'와 같이 발음하기 어려운 문장을 가지고 연습하면 좋다.

상황에 따라 발음법이 다르다

얼마 전 나는 백화점에서 근무한 경력이 있는 지인으로부터 '내 말투는 어미가 강한 것이 특징'이라는 말을 들었다. 그는 백화점에서 근무하면, 어미를 강하게 발음하는 경우가 거의 없다고 했다. 백화점에서 만나는 사람들 중에는 손님이 가장 많을 텐데, 손님을 대할 때는 강한 말투보다는 부드러운 말투가 적당하기 때문이다.

그는 손님에게 "찾으시는 물건 있으십니까?", "어떠십니까?"라고 물을 때, '~까?'와 같은 어미는 가능한 한 들릴 듯 안 들릴 듯한 느낌으로 발음한다고 했다. 이러한 발음법은 고객에게 위압감을 주지 않고 편안한 느낌을 주는 데 도움이 된다.

하지만 이러한 발음법이 모든 상황에 적합한 것은 아니다. 사회를 보거나, 강연을 할 때와 같이 여러 사람이 모인 자리에서는 어미를 명확하게 발음해야 한다.

'~입니다', '~습니다', '~이죠?' 같은 어미를 분명하게 발음하는 것과 동시에 문장의 첫머리(어두)도 강하게 발음해야 한다. 이렇게 발음하는 이유는 간단하다. 전체적으로 말에 강약의 리듬이 생기기 때문이다.

상황에 따라 발음하는 방법을 정리하면 다음과 같다.

1. 일대일의 상황에서 상대방과 가까운 거리에 있을 때는 어미를 부드럽게 발음한다
2. 많은 사람 앞에서 말할 때는 문장의 처음과 마지막을 강하고 크게 발음한다

부드럽게 발음하는 방법을 익히고 싶다면, 소설이나 시 낭독을 꾸준히 하라고 추천하고 싶다. 누군가에게 들려주거나 말을 거는 듯한 느낌으로 읽으면 된다.

강하게 발음하는 방법을 익히려면, 신문 기사를 소리 내어 읽으면 된다. 아나운서가 된 듯한 기분으로 읽으면 더 효과적이

다. 이때 문장의 처음과 끝을 강하고 분명하게 발음해야 한다는 사실을 잊지 말자. 그리고 가능하면 자신의 입 모양을 관찰할 수 있도록 거울 앞에서 연습하자.

감성을 자극하는 억양 넣기

사람들에게 어필하기 위해서는 테크닉이 필요하다. 앞말의 어미를 조절하는 방법도 그중 하나다. 구체적인 테크닉에 대해 알아보자.

1. 중요한 부분을 강조한다
2. 말에 적당한 간격을 둔다
3. 말의 속도에 변화를 준다
4. 억양을 넣는다

이 네 가지 테크닉 중에서 특히 중요한 것이 '억양을 넣는 것'이다. 억양은 음의 높고 낮음을 말하는데, 같은 말을 하더라도 억양에 따라 느낌이 크게 달라진다.

로봇이 말하는 것을 들어보면 가지런히 엮인 진주알처럼 한 글자 한 글자 똑같은 크기로 발음한다. 그래서 누구나 로봇의 말을 알아듣기 쉽다. 하지만 로봇의 말을 듣고 감동을 받거나 기분이 좋아지는 등 감성을 자극받는 일은 거의 없다. 그 이유는 무엇일까? 로봇의 말에는 억양이 없기 때문이다. 똑같은 패턴의 개성 없는 목소리는 사람들의 감성을 자극할 수 없다.

사람은 누구나 목소리에 '감정'을 싣는다. 이것은 억양으로 나타난다. 감정의 움직임은 사람마다 다르기 때문에, 억양이 다를 수밖에 없다. 따라서 억양은 사람의 개성을 가장 잘 드러내주는 요소이기도 하다.

목소리에 억양을 넣기 위해서는 평소에 단어나 문장에 감정을 실어 읽는 연습을 하면 좋다. 연습할 단어나 문장을 선택할 때 '기쁘다', '울다' 같이 그 자체에 감정이 들어 있는 단어는 가급적 피하는 게 좋다. 가능한 한 무미건조한 느낌의 단어나 문장을 선택하자. '냉장고', '식탁' 같은 단어, 또는 자신의 이름이나 주소도 괜찮다.

단어나 문장을 선택했다면, 다음 페이지에서 지시하는 대로 감정을 넣어 연습하자. 이때 자신이 생각하기에 약간 과장되었다 싶을 정도로 표현하는 것이 딱 좋다.

1. 뛸 듯이 기쁘게(로또에 당첨된 기분으로)

2. 언짢은 듯이(잘못 걸려온 전화로 새벽 4시에 잠을 깬 기분으로)

3. 슬프게(너무 슬퍼 눈물이 멈추지 않는 느낌으로)

4. 크게 화를 내며(분노로 몸이 떨리는 느낌으로)

연습할 때는 가급적 녹음을 하여 확인하자. 슬픈 감정을 듬뿍 실었다고 생각했는데, 막상 녹음된 자신의 목소리를 들어보면 그렇지 않은 경우를 발견할 수 있을 것이다.

자신의 이미지와 맞을 때까지 꾸준히 연습하기 바란다. 감정 표현이 풍부한 목소리는 사람들에게 어필하는 데 매우 중요한 포인트가 될 수 있다.

긴장해도 말이 빨라지지 않는 방법

긴장해서 이야기를 하다 보면 말이 점점 빨라지는 경우가 많다. 이것은 매우 자연스러운 현상이다. 인간은 긴장하면 심박 수가 올라가고, 심박 수가 올라가면 뇌가 인식하는 속도도 빨라지기 때문이다. 따라서 긴장한 사람에게는 1분 1초가 평상시보다 빨리 느껴진다.

그런데 많은 사람 앞에서도 긴장하지 않고 자신이 전달할 메시지를 조리 있게 말하는 사람들이 있다. 흔히 이런 사람들을 가리켜 '프로'라고 말한다. 왜 프로는 남들 앞에서 한치의 흔들림도 없는 걸까? 그들은 '강심장'이라도 갖고 있는 걸까?

사실 프로라고 해서 긴장을 아예 안 하는 것은 아니다. 나 또한 방송을 할 때나 큰 무대에 서서 강연을 할 때 심장이 두근두근거릴 정도로 긴장을 한다. 하지만 다른 사람들은 내가 긴장한 사실을 전혀 눈치채지 못한다.

그렇다면 어떻게 해야 긴장한 사실을 남들에게 들키지 않고, 내 의사를 전달할 수 있을까? 그것은 프로들이 이야기하는 모습을 자세히 관찰하면 알 수 있다. 그들은 어떤 상황에서도 일정한 속도를 유지하며 이야기한다. 갑자기 말이 빨라지거나 느려지지 않고 적당한 간격을 유지하며 이야기하는 것이다.

적당한 간격을 유지하면서 이야기하는 방법에는 두 가지가 있다. 일단 원고가 있을 때는 잠시 쉬어야 할 부분에 미리 펜으로 표시해둔다. 자신만 알아보면 되기 때문에 동그라미든 체크 모양이든 상관없다. 이렇게 표시를 하면, 긴장하여 말이 빨라지는 것을 방지할 수 있다.

원고가 없을 때는 원고가 있을 때보다 긴장감이 더 고조된다. 이럴 때를 대비하여 스스로 '간격을 가늠하는 버릇'을 들이는 것이 좋다. 토리노 올림픽에서 피겨 스케이트 금메달을 딴 아라카와 시즈카(荒川静香)를 예로 들어 설명해보겠다.

피겨 스케이트는 다양한 점프와 스텝 등을 규정에 따라 연기해야 한다. 예를 들어 한쪽 다리를 높이 든 자세로 3초 이상 유지해야 한다는 규정이 있는데, 이것을 지키지 않으면 감점 처리가 된다. 그런데 선수들도 긴장을 하다 보면 자연스레 심박수가 올라가고, 평소보다 빠르게 시간을 인식한다. 그렇기 때문에 3초가 지나기 전에 다리를 내려서 감점을 받는 경우가 생기곤 한다.

이러한 사태를 방지하기 위한 방법으로 코치는 아라카와 시즈카에게 '좋아하는 음식이 무엇이냐'고 물었다고 한다. 아라카와 시즈카가 아이스크림이라고 대답하자 코치는 발을 올리고 있는 동안 '1 아이스크림, 2 아이스크림, 3 아이스크림'이라고 센 후에 발을 내리라고 조언했다. 이 방법 덕분에 시간을 지키지 않아서 감점받는 일을 방지할 수 있었다.

이러한 방법은 이야기할 때도 유용하게 쓰일 수 있다. 긴장되는 상황에서 한 문장이 끝날 때마다 '1 골프, 2 골프', 또는 '1 불고기, 2 불고기'라고 마음속으로 세는 것이다. 단, 입 밖으로 소리를 내지 않도록 주의해야 한다.

이야기하는 내용과 전혀 상관없는 단어를 붙여 머릿속으로 세면 긴장이 풀린다. 그러면 정신적으로 여유가 생기므로 빨라졌던 말이 제 속도를 찾게 된다. 앞으로 남들 앞에서 이야기할 때는 이 방법을 써보자. 긴장해도 일정한 속도로 차분히 말할 수 있다.

지금까지 비언어(표정, 목소리) 메시지로 신뢰를 얻는 방법에 대해 알아보았다. 여기서 가장 중요한 것은 연습이 최고라는 것이다. 이야기의 달인일수록 실전에 앞서 주도면밀하게 준비한다. 애드리브처럼 보이는 것도 준비 없이는 불가능하다. 연습이 부족하면 '어떡하지?' 하는 생각이 들면서 불안해지는데, 불안하면 표정이나 목소리에 불안함이 배어나온다. 심리 상태는 곧바로 몸의 반응을 불러오기 때문이다. 반대로 '열심히 연습했으니 괜찮아'라는 생각이 들면 침착해지고 평정심을 유지할 수 있다. 따라서 실전에 대비해 늘 연습을 철저히 해야 한다.

'침묵'이 빛을 발할 때도 있다

아나운서는 '말하는 직업'이라고 생각하는 사람들이 많다. 물론 아나운서에게 있어서 말하는 기술은 매우 중요하다. 그러나 프로급 아나운서인지 아닌지를 결정하는 것은 상대방의 이야기를 얼마나 잘 이끌어내느냐, 즉 얼마나 상대방의 이야기를 잘 듣느냐에 달려 있다.

인터뷰나 스튜디오에 나온 게스트와 대화할 때는 그 모습을 그대로 내보내는 경우가 많다. 이때 아나운서가 상대방으로부터 어떻게 이야기를 이끌어내느냐에 따라 방송의 재미와 시청자들의 이해도가 달라진다.

상대방의 이야기를 들을 때 중요한 것 중 하나가 '침묵'이다. 예를 들어 다큐멘터리 방송을 위해 누군가를 밀착 취재를 해야 할 때가 있다. 다큐멘터리 방송에서 인터뷰는 매우 중요한 부분을 차지하는데, 취재 대상자 중에는 말하는 것을 좋아하지 않는 사람도 있다. 또 눈앞에서 카메라가 돌아가면, 긴장해서 입을 잘 떼지 못하는 경우도 많다. 이때 초조해진 아나운서가 계속 질문하면, 오히려 상대방은 더욱 당황할 수 있다. 이럴 때일수록 침묵하고 기다리는 편이 빛을 발한다.

질문을 받으면 그에 대해 생각하고 답변하도록 뇌가 명령을 내린다. 좀 더 구체적으로 말하면 과거의 경험이나 지혜 등이 축적되어 있는 데이터 베이스(뇌의 측두엽)에 접속해 질문에 대한 답변을 검색한다. 그런데 답변을 검색하는 데는 얼마간의 시간이 필요하다. 특히 '식사는 하셨나요?'와 같이 단순한 질문이 아닌 경우에는 더더욱 시간이 필요하다.

예를 들어 앞에서 소개한 '진정한 리더가 되기 위해서는 어떤 토대를 쌓아야 할까?' 같은 질문에는 바로 답변하기 어렵다. 천천히 되돌아보면서 자신의 과거 경험이나 데이터 등을 기억해 낸 다음, 그 사실들을 비교하고 재해석하는 과정을 거쳐야 비로소 대답할 수 있다. 또한 처음에는 잘 정리되지 않았던 생각들이 이야기하는 동안 서서히 분명해지는 경우도 종종 있다.

결국 생각을 정리하는 데는 시간이 걸린다는 이야기이다. 그러므로 상대방에게 어떤 생각을 이끌어내려면 '생각할 시간'을 줘야 한다.

만약 쉬지 않고 질문을 하면 오히려 상대방은 입을 다물어버릴 수 있다. 이럴 때일수록 취조하듯이 계속 질문하지 말고, 참을성 있게 침묵을 지키자. 이러한 태도는 상대방을 안심시킨다.

'이 사람은 내 이야기를 열심히 들으려고 한다'는 생각을 하도록
하여 신뢰감을 주자.

CHAPTER 04

공감을 만드는 '애드리브'

공감을 만드는 '애드리브'

공감을 만드는 '애드리브'

100% 새로운 문장은 없다

TV 버라이어티 프로그램은 흔히 '각본 없는 드라마'라고 불린다. 프로그램의 큰 틀은 정해져 있지만, 내용은 진행자나 출연자의 애드리브에 따라 얼마든지 달라질 수 있기 때문이다. 진행자의 뜬금없는 질문에 당황하는 출연진의 모습까지 고스란히 보여주는 버라이어티 프로그램은 대본대로 진행되는 드라마나 영화와는 다른 재미를 가져다준다.

우리의 삶은 어찌 보면 버라이어티 프로그램과도 같다. 각본이 없기 때문이다. 따라서 상황에 맞게 애드리브를 할 줄 알아야 한다. 그럼 상황에 맞게, 또 상대방이 받아들이기 쉽게 애드리브를 하기 위해서는 어떻게 해야 할까?

사실 우리가 대화할 때 사용하는 문장은 100% 새로운 것이 없다. 현재 눈앞에서 벌어지는 상황과 비슷한 장면을 과거에서 찾아내고, 그때 사용했던 '대화의 데이터 베이스' 중에서 현재 상황에 가장 적절하다고 생각되는 것을 선택해 조합하여 말하는 것이 대화의 일반적인 패턴이다.

애드리브는 라틴어인 'Ad Libitum(자유롭게, 임의로)'의 약자다. 연극에서는 대본에 없는 연기를 의미하며, 서양 음악에서는 '즉흥 연주'를 가리킨다. "즉흥 연주를 할 때는 자신의 내면에 많은 것이 들어 있지 않으면 불가능하다"고 프로 연주자들은 입을 모아 말한다. 다시 말해 애드리브로 연주하는 것은 과거에 자신이 연주했던 패턴 중에서 몇 가지를 골라 연주하는 것과 같다. 이때 과거의 패턴을 '조합하는 방법'은 무한하며 어떻게 조합하느냐에 따라 연주자의 개성이 묻어 나온다.

애드리브를 잘하려면 어떻게 해야 할까? 다음 질문에서 그 해답을 찾을 수 있다.

지금 눈앞에서 벌어지는 상황을 다른 사람에게 알기 쉽게 표현할 수 있는가?

신입 아나운서 시절에 나는 길을 걸을 때나 버스, 지하철 안에 있을 때 눈앞의 광경을 말로 표현해보곤 했다. 예를 들어 주택가를 걷고 있을 때 주위를 둘러보며 다음과 같이 말하는 것이다.

"선선한 가을날의 늦은 오후, 이 골목의 담벼락은 가을꽃으로 물들어 있습니다. 지금 제가 서 있는 집은 현관이 오렌지색 꽃으로 장식되어 있군요. 달콤한 향기에 취해 그 자리에 멈춰서 향을 음미하는 사람도 눈에 띕니다. 어머! 옆집에는 귤이 열렸네요. 아이 주먹만 한 작은 귤들이 나무에 가득 매달려 있습니다. 석양을 받아 반짝반짝 빛이 나는 모습이 아름답습니다."

지금 당신이 있는 곳이 책상 앞이든 지하철 안이든 상관없다. 눈앞에 펼쳐진 풍경이나 상황을 묘사해보자. 이때 의식적으로 다른 사물에 비유해서 표현하려고 노력한다. 이런 연습을 꾸준히 하면 즉흥적으로 표현하는 반사 신경이 발달해 실제 상황에 큰 도움이 될 수 있다. 그리고 이렇게 한 번 말한 적이 있는 문장들은 뇌의 데이터 베이스에 축적되기 때문에 다른 상황에서도 활용할 수 있다.

애드리브에도 연습이 필요하다

우리는 평소에 예상치도 못한 상황에 맞닥뜨릴 수 있다. 회의 중에 "어떻게 생각하세요?"라는 질문을 받을 수도 있고, 모임에서 갑자기 "한 말씀 부탁드립니다"라고 요청받을 수도 있다. 또는 고객과 만나는 자리에서 흥을 돋우기 위해 순간적으로 화제를 바꿔야 할 때도 있다. 이런 순간에 빛을 발하는 것이 바로 '애드리브'다. 이러한 애드리브는 일상생활뿐 아니라 비즈니스에서도 빼놓을 수 없는 능력 중에 하나로 꼽힌다.

애드리브를 해야 하는 순간, 멋지게 또는 재미있게 말해야 한다는 생각에 한 번도 해본 적 없는 이야기를 하는 경우가 있다. 이런 경우 내가 무슨 이야기를 하고 있는지 정리가 잘 안 되어, 결국 밑도 끝도 없는 이야기가 되기도 한다.

가장 적절한 애드리브를 하려면 어떻게 해야 할까? 이럴 때는 철저한 준비가 필요하다. 자신의 내면에 지식과 정보가 축적되어 있지 않으면 적절한 애드리브를 즉흥적으로 만들 수 없기 때문이다. 어떠한 준비도 없이 머릿속에 떠오르는 대로 이야기하면 절대로 좋은 결과를 얻기 어렵다.

스포츠 해설자들이 경기를 생중계할 때를 생각해보자. 생중계라고 하면, 많은 사람들이 단순히 '경기를 보면서 해설자가 그때그때 떠오르는 것을 이야기하는 것'으로 생각한다. 하지만 순발력 있게 생중계하기 위해서는 철저한 준비가 필요하다. 이 준비를 얼마나 성실하게 했느냐가 중계의 성패를 좌우한다.

스포츠 해설자들은 올림픽처럼 큰 경기를 중계할 경우, 수년 전부터 참가해온 팀과 선수들에 대해 자료를 모은다. 각 팀 선수에 대한 기본 정보나 컨디션, 감독의 경력, 지금까지의 성적 등을 조사하고 직접 선수와 스태프들을 만나 취재하면서 자신만의 자료를 만든다.

실제로 경기를 중계할 때 이 자료를 활용하는 것이다. 거기에다 선수들이 그 경기에 거는 기대나 훈련할 때 생긴 에피소드 등을 더하면 시청자들의 즐거움은 한층 커질 수 있다. 스포츠 중계의 성패는 해설자의 순발력보다는 사실 사전에 얼마나 '주도면밀하게 준비하느냐'에 달려 있다.

물론 듣는 사람이 100% 애드리브라고 생각할 정도로 해설자들은 자연스럽게 이야기한다. 그렇게 되기까지는 끊임없는 노력이 따른다. 이것은 운동 경기에서도 마찬가지다. 야구, 축구, 골프 등에서 선수들은 특정 동작을 무의식적으로도 할 수 있을 때까지, 즉 습관이 될 때까지 반복해서 연습한다. 그래야 실제 경기에서 즉흥적으로 그 동작을 할 수 있기 때문이다.

운동선수에게 '운이 좋았다'는 말은 어울리지 않는다. 끊임없는 연습으로 얻은 승리는 우연이 아닌 필연이다. 악기 연주나 운동 경기뿐 아니라 대화에서도 철저한 준비와 끊임없는 연습이 필요하다. 그렇게 해야 번뜩이는 애드리브를 할 수 있다. 애드리브는 결코 아무것도 없는 상태에서 즉흥적으로 나오는 것이 아니라는 점을 명심하자.

애드리브 단련법 ① : 이야깃거리 늘리기

애드리브를 키우는 방법은 네 가지 단계로 나눌 수 있다. 첫 번째 단계는 '준비'다. 이것은 '이야기보따리를 두둑히 만드는 작업'을 뜻한다. 이때 이야깃거리는 말하는 사람이 하고 싶은 이야기가 아니라 상대방이 관심을 보일 만한 화제여야 한다. 이야기의 목적이 '즐거운 대화'에 있는 것이 아니라 공감을 통해 상대방을 움직이는 데 있기 때문이다.

또한 결과적으로는 이야기를 듣고 상대방이 '이 사람이 하는 말을 들어보자', '이 사람의 이야기는 정말 도움이 된다', '이 사람과 함께 일하고 싶다'는 생각이 들도록 해야 한다.

한편 평소에 준비해두면 좋은 화제는 크게 여섯 가지로 나눌 수 있다.

1. New(새로운 것): 상대가 아직 모르는 정보
2. Merit(이득): 상대에게 득이 되는 정보
3. Demerit(결점): 상대가 알아야 할 리스크나 주의할 점
4. Humor(유머): 긴장된 분위기를 풀어주는 재미있는 이야기
5. Knowledge(지식): 상대에게 유익한 지식
6. Story(경험): 개인의 경험(자사와 타사의 경험 포함)

물론 이 여섯 가지가 확실하게 구분되는 것은 아니며 하나의 정보가 두 가지 이상의 분야에 해당하는 경우도 있다. 분명한 것은 사람들이 듣고 싶은 이야기의 대부분은 이 여섯 가지에 포함된다는 사실이다. 평소 친구나 가족과 나누는 대화도 이들 중 하나에 해당하는 경우가 많다.

예를 들어 이탈리아 음식을 좋아하는 친구와 이야기를 하다가 "어제 TV에서 봤는데 아오야마(靑山)에 맛있는 이탈리안 레스토랑이 생겼대"라고 화제를 꺼낼 수 있다. 만약 상대방이 이 정보를 모르고 있었다면 그 사람에게 새롭고(New) 득이 되는 정보(Merit)이며 유익한 지식(Knowledge)이 된다.

여기서 주의할 점은 이야기하기 전에 상대가 '누구'이고 '무엇에 흥미를 느끼는지' 정확히 알아야 한다는 것이다. 만약 이탈리아 음식에 관심이 없는 사람에게 새로운 레스토랑에 대한 이야기를 꺼내면 어떨까? 아마 심드렁하게 반응할 것이다.

이것은 비즈니스에서도 그대로 적용된다. 예를 들어 당신이 영업 사원이라면 먼저 고객의 관심사를 알고 그 사람에게 도움이 되는 정보를 제공해야 한다. 고객이 "그래요?", "잘 아시네요!", "그렇구나!"라고 관심을 보이도록 사전에 철저히 정보를 수집해야 한다.

애드리브 단련법 ② : PREP법 배우기

'PREP법'은 애드리브 능력을 단련하는 데 도움이 된다. PREP법은 '결론과 이유를 먼저 밝혀 상대방을 논리적으로 설득하는 기술'로서 다음과 같은 순서로 구성된다.

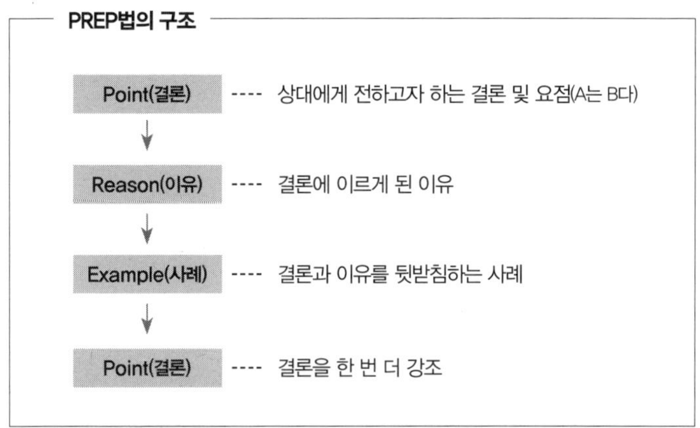

마지막의 Point(결론)는 처음에 말한 Point와 완전히 똑같은 내용이라기보다 결론적으로 전달하고자 하는 것을 말하면서 마무리하는 것이라고 생각하면 된다.

PREP법은 영어의 문장 구조에 딱 들어맞는다. 예를 들어 'I think that ~ (결론이나 요점) ~ Because(이유) ~'라는 전형적인 문장 구조에 결론과 이유를 보충하기 위한 '사례'를 넣고 마지막에 한 번 더 '결론'을 강조하는 방법이 바로 PREP법이다.

물론 이 순서를 반드시 따를 필요는 없다. 예를 들어 처음에 사례를 먼저 소개하고, 왜 그 이야기를 꺼냈는지 이유를 말한 후,

마지막에 결론을 이야기하면서 끝내도 된다.

단, 비즈니스의 현장에서는 제한된 시간 안에 중요한 것부터 이야기해야 할 때가 많다. 빠르고 효과적으로 상대방에게 메시지를 전달해야 한다면 PREP법의 순서를 따르는 것이 도움이 된다.

PREP법을 효과적으로 활용한 사례를 살펴보자. 얼마 전 시장 하나가 보도 프로그램에 출연한 적이 있었다. 당시 주제는 '지방 분권'이었다. 아나운서가 "왜 꼭 지금 지방 분권을 해야 한다는 겁니까?"라고 질문하자 시장은 다음과 같이 대답했다.

"지금이 바로 지방 분권이 필요한 때이기 때문입니다. 그 이유는 간단합니다. 지금의 체제로는 국민 여러분을 행복하게 할 수 없기 때문입니다. 유치원을 예로 들어보겠습니다. 현재는 국가의 규정 때문에 원아 한 명당 3.3m²의 놀이 공간이 확보되지 않으면 허가가 나지 않습니다. 이러한 규정은 땅이 넓은 지방 도시라면 상관없겠지만 인구 과밀로 부지를 확보하기 어려운 지자체에는 너무 엄격한 조건입니다. 유치원 허가 하나도 지자체가 결정할 수 없다는 것은 문제입니다. 그래서 지방 분권이 필요한 것입니다."

인터뷰 시간은 5분 정도였는데 나는 방송을 보면서 '이게 바로 PREP법이구나'라고 생각했다. 시장이 한 이야기를 순서대로 정리하면 다음과 같다.

- 결론: 지금이 바로 지방 분권이 필요한 때다
- 이유: 지금의 체제로는 국민을 행복하게 할 수 없기 때문이다
- 사례: 유치원 설립 사례
- 결론: 그래서 국민들에게 지방 분권은 필요하다

여기서 특히 주목해야 할 것은 사례다. 이 시장은 유치원 설립과 관련된 하나의 '스토리'를 예로 들어 자신이 말하고자 하는 바를 확실하고 이해하기 쉽게 전달했다. 시장이 출연한 보도 프로그램은 밤 10시 정도에 방송되었는데, 이 시간대는 가족들이 함께 TV를 볼 가능성이 높은데다가, 특히 유치원 이야기는 아이가 있는 가정에게 친근한 화제기 때문에 더 많은 공감을 얻을 수 있다.

따라서 질문에 순발력 있게 대답하고 싶다면 평소에 관련된 사례를 많이 모아 그것을 말로 표현하는 연습을 해야 한다.

애드리브 단련법 ③ : PREP법 활용하기

리더가 부하 직원에게 이야기할 때, PREP법을 활용하면 더 쉽고 명확하게 전달할 수 있다. 리더가 결론부터 말하면, 부하 직원들은 그가 말하고 싶은 이야기가 무엇인지 처음부터 알 수 있으므로 집중할 수 있다. 더욱이 그런 결론을 내리게 된 이유와 그것을 뒷받침할 사례를 순서대로 말하면 리더의 이야기에 납득하기가 더 쉽다.

PREP법과 함께 준비해두면 좋은 화제 여섯가지를 접목시켜도 좋다. '결론 + 이유 + 사례 + 메리트 + 결론' 또는 '결론 + 이유 + 사례 1 + 사례 2 + 결론'과 같이 이야기의 흐름에 맞춰 다른 분야의 정보를 조합하는 것이다. 예를 들어, 비즈니스 환경이 바뀌면서 회사의 영업 방침이 크게 바뀌었다는 사실을 리더가 팀원들에게 전달하는 경우를 생각해보자.

1. Point(결론)

"내년부터 영업 방침을 크게 바꾸기로 했습니다. 지금부터 그것이 의미하는 바를 설명할 테니 잘 듣기 바랍니다."

2. Reason(이유)

"여러분도 알다시피 현재 우리 회사의 수익은 정부 발주 사업이 상당 부분을 차지하고 있습니다. 그래서 지금까지는 기다리면 일이 들어왔고 정부가 요구하는 것만 잘 처리하면 그것으로 충분했습니다. 그러나 향후 5년이면 정부 발주는 단계적으로 줄어들 것이 틀림없습니다. 따라서 지금까지의 영업 스타일을 크게 바꾸지 않으면 위기를 맞게 될 것입니다. 시장에 새로운 가치를 창출하는 '제안형 영업(고객이 구매하지 않는 이유를 네 가지로 나누고 그것을 스스로 뛰어넘을 수 있도록 도와주는 것)'을 하지 않으면 수익을 기대할 수 없을 뿐 아니라 생존까지 위태로운 상황입니다. 따라서 지금까지의 영업 방침을 바꾸기로 결정했습니다."

3. Knowledge(지식)

(파워포인트를 보면서) "이 그래프는 우리 회사의 향후 수익을 예측한 데이터입니다. 지금 체제를 그대로 유지한다면 3년 후에는 적자로 전환될 것입니다."

4. Example(사례)

"업종은 다르지만 우리 회사와 같은 환경에 놓여 있던 A사가 도산했던 때를 떠올려봅시다. 그들은 ○○ 때문에 도산할 수밖에 없었습니다(구체적인 실패 사례). A사의 이야기가 우리에게 주는 교훈은 '변화'에는 '스피드'가 필요하다는 것입니다."

5. Merit(이득)

"경영진은 현재 상태를 위기가 아닌 비약의 기회로 삼고자 합니다. 우리 회사가 보유하고 있는 고도의 전문 기술은 다른 회사에는 없는 강점이며 시장에 제공할 수 있는 가치도 많이 가지고 있습니다. 다시 말해 가능성이 무한하다는 것입니다.

영업 팀원들은 이번 기회를 영업 사원으로서 크게 성장할 수 있는 계기로 삼아주기 바랍니다. 그리고 나중에 어느 부서로 가더라도 팀을 이끄는 리더가 돼주시기 바랍니다. 그렇게 될 수 있도록 저도 리더로서 최선을 다해 지원할 것입니다. 여러분도 힘을 모아주시기 바랍니다. 여러분들의 힘이 필요합니다."

6. Point(결론)

"다음 분기 이후부터 영업 방침이 바뀌게 된 의미와 배경에 대해 모두 잘 이해했으리라 믿습니다. 상세한 전략에 대해서는 곧 발표가 있을 테니 조금만 기다려주시기 바랍니다."

PREP법에 따라 이야기한 다음에는 팀원들로부터 질문을 받아 방침에 대한 이해를 심화시키는 과정이 필요하다. 이 예에서는 PREP법의 기본형에 Knowledge(지식)와 Merit(이득)를 추가했다. 수익 예측 데이터와 타사의 실패 사례를 통해 '위기감'을 환기시키는 것이다. 그 후 위기 상황이 비약과 성장의 기회

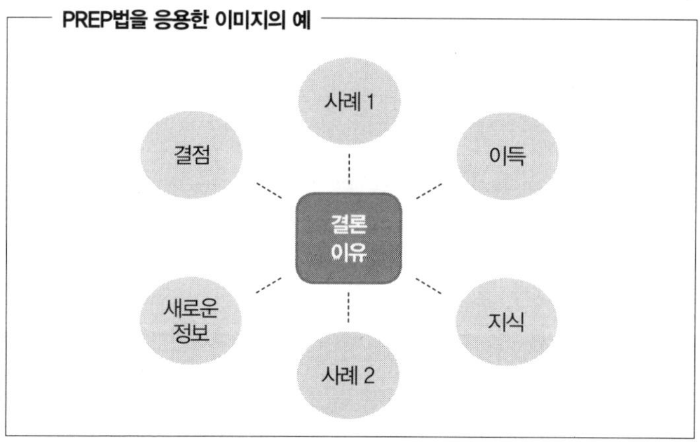

가 될 것이라는 긍정적인 해석을 더해 '미래에 대한 희망'을 심어주며 끝맺는 구성이다.

이처럼 PREP법을 응용할 때는 어느 정보를 먼저 넣을지 고려하여 가장 효과적으로 이야기를 전달할 수 있도록 구성해야 한다.

애드리브 단련법 ④ : 준비와 연습을 동시에!

애드리브를 단련하려면 '준비'와 '연습'을 동시에 진행해야 한다. 혼자 연습할 때는 먼저 스톱워치를 준비한다. 그리고 이야기할 시간(5분 이내가 적당하다)과 이야기할 주제를 결정한다. 가볍게 이야기할 때는 '취미'와 같이 가벼운 테마가 좋다.

스톱워치를 누르고 PREP법의 순서에 따라서 이야기를 시작한다. 예를 들면 다음과 같이 말하는 것이다.

"저는 온천 여행을 좋아합니다. 다양한 지역의 정취를 맛볼 수 있기 때문입니다. 최근에 간 곳 중에 제일 좋았던 곳은 구사쓰(草津) 온천입니다."

5분 동안 사례나 정보, 이득 등 다양한 정보나 화제를 조합해 이야기를 계속한다. 절대 말을 멈춰서는 안 된다. 어떻게든 이야기보따리에서 화제를 꺼내 쉬지 않고 이야기하자. 연습할 때는 녹음을 해서 들어보는 것이 좋다. 듣는 사람의 입장에서 어떻게 들리는지 객관적으로 판단하는 것이 중요하기 때문이다. 가능하다면 다른 사람에게 들려주는 것도 좋다. 내용뿐만 아니라 목소리의 톤이나 억양, 이야기와 이야기 사이의 간격 등도 확인하자.

팀의 리더는 부하 직원들을 단련시키기 위해 비즈니스의 한 장면을 설정해 애드리브 연습을 시킬 수 있다. 예를 들어 두 사람이 한 조가 되어 한 사람은 고객, 한 사람은 영업 사원을 맡아 역할극을 시키는 것이다. 영업 사원 역할을 하는 직원이 2분 동안 상품 소개를 하면 고객 역할을 맡은 직원이 질문을 한다. 예를 들면 "그 상품을 사면 구체적으로 어떤 점이 좋나요?", "다른 회사에서 나온 제품은 없나요?", "이 상품의 단점이 있다면 뭔가요?" 등의 질문을 하는 것이다.

접속사를 남발하지 마라

프레젠테이션이나 대화는 문장으로 이루어져 있다. 그리고 문장과 문장을 연결할 때는 '접속사'가 사용된다. 이 접속사를 어떻게 활용하느냐에 따라 상대방의 이해를 도울 수도 있고 그 반대가 될 수도 있다.

세미나에 가서 만난 사람 중에 문장이 끝날 때마다 '요컨대'를 붙이는 사람이 있었다. 아마도 큰 의미 없이 습관적으로 붙이는 것일 텐데 어떤 말이든 너무 자주 쓰면 거슬리는 법이다. '요컨대'가 나올 때마다 '꼭 여기서 그 말이 필요한가?' 하는 생각이 들었다. '요컨대' 때문에 이야기의 흐름이 자꾸 끊기는 것이 안타까워 그 점을 지적했더니 "그래요? 제가 그 말을 그렇게 많이 했나요?"라며 의아해했다. 이미 습관이 되어 스스로 의식하지 못했던 것이다.

이 밖에도 '그런데', '또', '그리고', '어쨌든' 등 무의식적으로 사용하는 표현은 많다. 이런 표현을 사용할 때는 문맥에 잘 어울리는지 생각해야 한다.

얼마 전 우연히 젊은 사람들이 "다나카 씨는 나쁜 사람은 아니야. 그런데 반대로 생각하면 리더로서는 어떨까?"라고 말하는 것을 들었다. 나는 도대체 무엇을 '반대로' 생각한 것인지 알 수 없었다. 이 문맥에서는 '반대로 생각하면'이라는 말은 필요 없다. 이처럼 '무의미한 접속사'는 사용하지 않는 것이 좋다.

이 밖에 접속사는 아니지만 문장을 시작할 때 '음~', '어~' 라는 말을 붙이는 사람도 있는데 이런 버릇도 좋지 않다. 주위 사람들에게 자신이 주로 사용하는 접속사나 문장을 이을 때 쓰는 표현 중 독특한 것은 없는지 물어보자. 고치는 데 시간이 걸리겠지만 가능한 한 빨리 그 습관에서 벗어나도록 하자.

선명한 이미지를 떠올리게 하는 리더의 표현력

나에게는 꿈이 있습니다. 언젠가 조지아 주의 붉은 언덕에서 노예의 후손들과 노예 주인의 후손들이 형제가 되어 나란히 테이블에 앉는 꿈입니다.

마틴 루서 킹 목사의 연설 중 일부다. 이 말을 들으면 미국에서 인종 차별이 사라졌을 때 실현될 상징적이고 바람직한 상황을 구체적으로 떠올릴 수 있다. 이렇게 선명한 이미지나 장면을 떠올릴 수 있게 표현하면 그 이야기는 한층 설득력을 가질 수 있다.

마찬가지로 조직의 리더가 자신의 경험이나 목표를 달성했을 때의 모습 등을 생생하게 떠올릴 수 있게 표현한다면, 부하 직원들은 실감 나는 이야기에 관심을 가지고 경청하게 될 것이다.

예를 들어 한 제약 회사의 어린이 난치병 신약 개발팀 팀장이 '3년 안에 이 신약을 완성하자'는 무미건조한 메시지를 전달하는 대신 팀원들에게 다음과 같이 이야기한다면 어떨까?

"이 신약이 완성되면 난치병 어린이의 생명을 구할 수 있습니다. 우리는 이 신약을 완성시켜 그 아이가 주위의 축복을 받으면서 성인식을 맞이할 수 있도록 도와줄 것입니다. 병실에서 기계에 의존해 살아가는 것이 아니라 태양 아래서 웃는 얼굴로 청춘을 보낼 수 있게 되는 것입니다. 우리 힘을 모아 이 신약을 꼭 성공시킵시다."

미래에 대한 긍정적인 이미지가 선명하면, 우리는 '그 미래를 내 것으로 만들겠다'는 생각을 강하게 품을 수 있다. 따라서 이루기 힘든 목표일수록 리더가 구성원들을 격려하고 고무시키는 것이 중요하며, 그렇게 하기 위해 리더는 표현력을 발휘해야 한다.

강렬한 인상을 남기는 '비유법'

잠깐만 이야기해도 '이 사람 정말 재미있게 말한다'라는 생각이 드는 사람이 있다. 이런 사람들은 사물을 다른 것에 비유해서 표현하는 능력이 뛰어나다.

'비유하는 능력'이 뛰어난 사람은 풍부한 표현력으로 듣는 사람들의 관심을 끌고 그들에게 강한 인상을 남길 수 있다. TV 요리 프로그램에서 "A급 미식가의 레서피!", "일본 요리와 이탈리아 요리의 환상적 만남!" 같은 표현을 사용하는 리포터들이 인기가 있는 것도 '비유하는 능력' 덕분이다. '달다', '된장 소스의 맛이 깊다'와 같이 직접적으로 맛을 표현하지 않아도, 쉽게 맛의 이미지를 떠올릴 수 있고 인상에 남는다. 이렇게 사물을 다른 것에 빗대어 표현하는 것을 '비유법'이라고 한다.

"안채에서는 죽을 먹을 때 별채에서는 전골을 먹는다."

이 말은 고이즈미(小泉) 정권 시절에 재무대신을 지낸 시오카와 마사주로(塩川正十郎)가 국회에서 했던 발언이다. 일반 회계에서는 적자를 줄이려 애쓰고 있는데, 특별 회계에서 낭비한다는 것을 일본 가옥에 비유한 것이다. 통렬하고 시니컬한 맛이 있는 이 발언은 많은 일본 국민들에게 깊은 인상을 남겼다. 국가의 회계라고 하면 일반적으로 이해하기 어렵다는 느낌이 드는

데 비유를 통해 쉽게 이해할 수 있었기 때문이다.

'비유하는 능력' 키우기

'비유하는 능력'을 키우고 싶다면 평소에 사물과 사물을 연결하는 연습을 하는 것이 좋다. 비유하는 능력에는 '번뜩이는 능력 = 발상력'이 필수인데, 이 연습은 우뇌를 단련시켜 창의성을 일깨워준다.

언뜻 봐서는 아무 관련이 없는 두 단어의 공통점을 찾아보자.

고양이, 냉장고

고양이와 냉장고의 공통점으로는 '둘 다 꼬리가 있다'(냉장고의 경우는 콘센트), '둘 다 하얗다', '둘 다 가끔 운다'(냉장고도 가끔 '웅' 하는 기계음을 낸다) 등을 들 수 있다.

처음에는 이 둘의 공통점을 생각해내기 어려울 것이다. 하지만 꾸준히 연습하면 점점 능숙해진다. 발상의 회로가 생기기 때문이다.

평소에 이런 연습을 하기 위해서는 일단 카드에 '코', '국가',

'임금님', '사장', '사과', '시장', 'PC', '인사부' 등 임의로 단어를 쓰고 그 카드들을 상자에 넣는다. 그런 다음 카드를 두장씩 뽑아 그 두 가지 사물의 공통점을 찾는다. '국가와 PC', '시장과 사장' 등 다양한 단어의 조합으로 연습해본다. 억지를 써도 좋으니 어떻게든 공통점을 찾아보자.

이런 연습을 꾸준히 하면, 발상 능력이 발달하고 사물과 사물을 쉽사리 연결 짓게 되어 비유적인 표현이 눈에 띄게 풍부해진다.

예를 들어 '시장(市場)과 사장'의 경우는 '둘 다 아침 일찍 일을 시작한다', '둘 다 많은 사람들이 모인다', '둘 다 건강하고 활기가 있다' 등이 공통점이라고 할 수 있다. 이러한 발상 능력이 생기면 어느 날 갑자기 누군가 "당신 회사의 사장은 어떤 사람입니까?"라고 질문했을 때 이렇게 대답할 수 있다.

"글쎄요. 비유를 하자면 걸어 다니는 쓰키지(築地)시장(도쿄에 있는 일본 최대의 어시장 — 역자 주) 같은 분이세요. 아침에는 누구보다 빨리 출근하시죠. 정보든 사람이든 전국에서 모아오시고 또 사장님이 정보를 주실 때도 많거든요. 목소리가 커서 가끔 깜짝 놀랄 때도 있는데 아무튼 옆에 계시기만 해도 대단한 에너지가 느껴지는 분입니다.”

이처럼 비유법을 사용하면 상대방에게 기억되기 쉽다.

앞서 설명한 카드 박스를 이용해 스토리를 만드는 연습도 할 수 있다. 예를 들어 '사과'와 '인사부'를 가지고 스토리를 만드는 것이다. 이것을 팀별로 발표한 다음, 어느 팀이 만든 스토리가 재미있었는지 서로 이야기해보는 것도 좋다.

이것은 배우와 같이 표현력을 키워야 하는 사람들이 많이 하는 훈련 중 하나다. 최근에는 리더를 대상으로 한 기업 연수에도 도입되고 있다. 특히 미국의 기업 총수나 리더들은 이런 훈련에 적극적으로 참여하고 있다고 한다. 우뇌의 발상 능력을 키우는 것이 표현력은 물론 변화가 심한 비즈니스 환경에 탄력적으로 적응하는 데에도 도움을 주기 때문이다.

비유를 잘하면 듣는 사람에게 깊은 인상을 주는 한편 이야기의 조미료 역할도 할 수 있다.

CHAPTER 05

사람을 움직이는 '공감법'

사람을 움직이는 '공감법'

사람을 움직일 때 빠지기 쉬운 다섯 가지 함정

리더의 역할은 목표를 이루기 위해 개인이나 팀을 움직이는 것이다. 개인이나 팀을 움직이게 하려면, '공감'을 불러일으켜야 한다. 스토리나 스타일, 애드리브 등으로 공감을 불러일으키지 못하면 결과적으로 부하 지원들이 자신이 원하는 방향대로 움직이지 않는 상황이 발생할 수 있다.

'사람이 움직이지 않는 사태'가 생기는 주요 원인은 다음의 다섯 가지로 정리할 수 있다.

1. 상대방과 신뢰를 쌓지 못했다

2. 눈앞의 목표를 달성하기 위한 '방법'만 가르치고 그 목표를 이루는 '목적'을 알려주지 않았다

3. 친절하게 대하기만 하면 '사람은 움직인다'고 생각한다

4. 상대방을 부정하거나 부정적인 '감정'을 불러일으키고 있다

5. 실패담의 교훈을 전달하지 않았다

이 다섯 가지 원인을 해결하기 위해서는 '스토리', '애드리브', '스타일'를 활용하는 것 외에 다른 방법이 있는데, 이 장에서는 상황에 따른 해결 방법을 살펴보자.

안정과 신뢰를 주는 워킹 매니지먼트

'워킹 매니지먼트(Walking Management)'라는 말이 있다. 리더가 직장을 돌아다니며 사원들에게 말을 걸고, 그들과 같은 엘리베이터를 이용하면서 마주칠 기회를 늘리는 것이다. 이것은 심리학적으로도 검증된 사실이다. 심리학에서는 얼굴을 마주치는 횟수가 많을수록 그 사람과의 친밀도는 높아진다고 한다. 일주일에 한 번 30분 동안 이야기하는 것보다 한 번에 3~5분 정

도라도 좋으니 매일 이야기하는 것이 심리적인 거리감을 좁힐 수 있는 것이다.

상대방과 신뢰를 쌓기 위해 워킹 매니지먼트 방법을 활용하면 좋다. 예를 들어 생활용품 업체인 유니참의 다카하라 다카히사(高原豪久)사장은 모든 사원에게 생일 축하 메일을 보낸다. 메일에는 그 사원과 다카하라만이 알고 있는 이야기를 쓴다. 예를 들어 "얼마 전에 엘리베이터 안에서 이런 이야기를 했죠?"라는 식이다.

다카하라는 사원 한 사람 한 사람에게 '당신을 지켜보고 있습니다', '소중한 동료라고 생각하고 있습니다'라는 메시지를 전하려고 꾸준히 노력한다. 이것이 쌓이고 쌓이면 사원들은 사장을 친근하게 생각하고 '이 사람 밑에서 열심히 해봐야지' 하는 의욕도 높아질 수 있다.

유니참의 다카하라처럼 부하 직원에게 그 사람의 존재를 인정하고 있다는 표현을 하면 안정감이나 신뢰감을 불러일으킬 수 있다.

예를 들면 '생일을 축하하다', '인사하다', '말을 걸다', '칭찬하다', '야단치다', '눈을 맞추다', '쳐다보다', '미소로 대하다', '답장을 보내다’, ‘업무 일지에 코멘트를 달다’, ‘건강에 신경 쓰다’, ‘변화를 확인하다’, ‘부하 직원이 한 말을 기억하다’, ‘비전이나 목표에 대해 물어보다’, ‘전화하다’, ‘일을 맡기다’, ‘의견을 묻다’, ‘상의하다’, ‘다른 사람에게 소개하다’, ‘취미에 대해 묻다’ 등에 해당하는 표현을 부하 직원에게 하는 것이다.

위와 같은 노력을 꾸준히 하면, 인간의 근원적인 욕구인 ‘안정감’이나 ‘신뢰감’을 줄 수 있다.

인류의 긴 역사를 뒤돌아보면 인간은 수렵이나 농경을 하면서 서로 도우며 살아왔다. 맹수나 적이 가까이 있는 대자연 속에서 혼자 살아가는 것은 불가능한 일이다. 모두 힘을 합쳤을 때 비로소 자신의 몸을 지킬 수 있다. 이러한 환경에서는 타인과의 협력 관계에서 ‘자신이 동료로서 인정받고 있는지, 필요한 사람인지’가 매우 중요하다. 동료로 인정받지 못하고 따돌림을 받는 것은 죽음을 의미하기 때문이다.

안정감과 신뢰감을 느끼고 싶은 것은 인간의 본능이라서 시대가 바뀌어도 변하지 않는다. 그러므로 집단에서 다른 사람의 지시에 따라 일하는 사람들은 ‘자신은 동료로 받아들여지고 있어. 여기 있으면 돼. 안심해’라는 감정을 느끼고 싶어한다.

　사람의 감정은 다양하다. 이것을 크게 긍정적인 감정과 부정적인 감정으로 나눌 수 있다. 조직에 확산되기 쉬운 부정적인 감정의 대표적인 예는 '불안감', '긴장감' 등이다. 이 감정들이 심해지면 사람들은 에너지를 빼앗긴다. 한편 긍정적인 감정에는 '기대감', '고양되는 느낌' 등이 있는데, '앞으로 나아가자'는 진취적인 에너지를 만들어낸다.

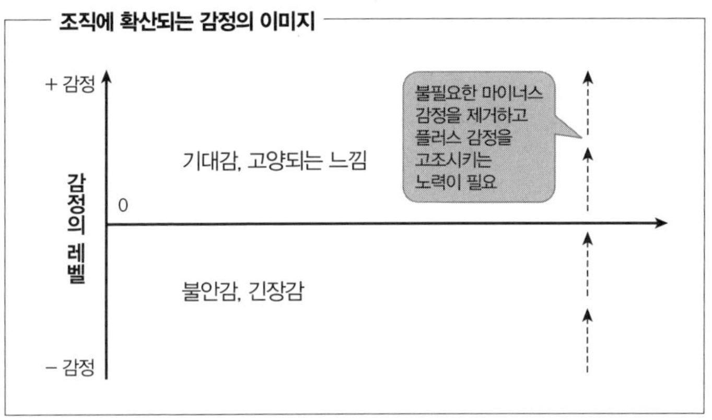

　'내가 여기 있어도 괜찮은 건가? 난 인정을 받고 있는 건가?'라는 불안감이 커지는 상태에서는 목표 달성이나 자아실현에 대한 욕구가 생기지 않는다. 따라서 사람을 움직이는 입장에 있는 리더는 전진하려는 에너지를 빼앗는 부정적인 감정을 제거

해야 한다. 그리고 마이너스를 플러스로 끌어올리는 노력을 해야 한다.

부하 직원 관찰하기

당신은 부하 직원에 대해 얼마나 알고 있는가? 부하 직원에 대해 어느 정도 알고 있는지 확인할 수 있는 간단한 방법이 있다. 먼저 당신의 팀이나 부서에 있는 부하 직원 중 한 사람을 골라 머릿속에 떠올린다. 그리고 다음 질문에 대해 생각해보자. 부하 직원이 없다면 후배나 동료라도 상관없다.

- 부하 직원은 어떤 일에 가장 보람을 느끼고 있는가?
- 부하 직원의 강점은 무엇인가? 그리고 그 강점은 어떤 경우에 발휘되는가?
- 부하 직원이 익혀야 할 스킬이나 지식은 무엇인가?
- 부하 직원은 어떤 꿈과 목표를 가지고 있는가?
- 부하 직원은 어떤 식으로 칭찬했을 때 사기가 오르는가?
- 부하 직원이 휴일에 하고 싶어하는 일은 무엇인가?
- 부하 직원에게 형제가 있는가? 아이는 몇 살인가?

확실하게 답할 수 있는 질문이 몇 개나 되는지 세어보자.

우리는 항상 가까이에 있는 사람에 대해서 잘 알고 있다고 생각하기 쉽다. 또는 아마 이러이러할 것이라고 '추측'으로 판단하는 경우가 많다. 그러나 실제로 이런 질문을 부하 직원에게 직접 하면 뜻밖의 대답이 나오는 경우도 있다.

우리는 무의식적으로 사물이나 사람들을 자기 식대로 분류한다. 파악이 안 된 애매한 상태로 두면 불안해지기 때문이다. 흑백 논리에 따라 나눠놓아야 안심이 되는 것이다. 예를 들어 '저 사람은 나한테 인사를 안 해. 그러니까 저 사람은 나를 싫어하는 거야'라든가 '저 부하 직원은 지각을 많이 하니까 매사에 대충대충 일할 거야'라는 식으로 분류하는 것이다.

물론 그 판단이 맞을 때도 있다. 그러나 이렇게 흑백 논리에 따라 사람을 나누는 방식은 분명히 문제가 있다. 상대에 대한 정보가 부족하거나 잘못된 고정 관념을 갖고 있으면, 상대방의 '가능성'을 짓밟을 수 있다.

사람을 움직여야 하는 리더의 중요한 역할 중 하나는 '상대방의 가능성을 찾아 최대한 이끌어내는 것'이다. 이를 위해서는 먼저 상대를 면밀하게 관찰해 그 사람의 여러 가지 면을 파악해야 한다. 최종적인 판단은 그다음에 해도 늦지 않다.

부하 직원에게 앞의 질문을 해보면 의외의 면이나 장점을 알 수 있다. 실적이 오르지 않는 직원의 경우에는 그 이유나 배경, 또는 그 사정을 알 수도 있다.

부하 직원은 항상 상사가 자신을 이해해주기 바란다. 그러므로 평소에 부하 직원을 잘 관찰하고 대화를 나누어 '알 기회'를 늘려가자.

'목적'은 사람을 움직이게 한다

부하 직원에게 일하는 방식을 가르치거나 지시하고 명령을 내려야 할 때가 있다. 예를 들면 'A라는 상황이 생기면 B라는 대처법을 써라' 하는 식으로 가르치는 것이다. 이러한 교육이나 지시, 명령은 필요하지만, 실제 비즈니스 현장에서 항상 같은 상황이나 정해진 일만 발생하는 것은 아니다. 예측 불허의 사태가 발생했을 때 스스로 생각해서 행동하고 이를 검증한 다음 일을 이어가는 자발성과 책임감을 구성원들이 가지고 있지 않다면, 개인이든 조직이든 성장은 기대할 수 없다.

'전설적인 고객 서비스(Legendary Service)'로 유명한 리츠칼튼 호텔에서는 전 세계 종업원들에게 '스토리 오브 엑설런스(Story Of Excellence, 일명 와오 스토리)'라는 것을 전하고 있다. 이 이야기는 일주일에 두 번, 세계 각지에서 실시되는 종업원 조례 시간에 소개된다.

여기에는 이용객이 전한 감사의 말이나 편지, 이용객들에게 반응이 좋았던 스태프의 아이디어나 기획 등이 소개된다.

예를 들어 리츠칼튼 오사카에서 전 세계로 보낸 와오 스토리 중에는 '사귀는 여성에게 프러포즈를 하고 싶다'는 한 청년의 이야기를 들은 컨시어지가 스태프 다섯 명을 모아, 예약한 스위트룸에 약혼 반지와 함께 얼린 얼음 조각을 갖다 놓고 프러포즈 분위기를 만들었다는 이야기가 있었다. 이 서비스에 감동받은 연인은 8개월 후 리츠칼튼 오사카에서 식을 올렸다고 한다.

이처럼 자신의 아이디어가 전 세계의 다른 종업원들에게 소개되면 당연히 그 종업원의 사기는 오른다. 또한 자신감이 생기고 긍지도 느낄 수 있다. 또한 다른 직원들은 그 이야기를 듣고 앞으로의 행동이나 서비스에 참고할 수 있다.

도쿄의 팬찮은 레스토랑을 엄선해 소개하는 정보지 〈도쿄 캘린더〉의 편집장인 후지이 마사히코(藤井雅彦)는 "좋은 가게냐 아니냐는 주방장의 실력만으로 결정되는 것이 아니다. 서비스를 제공하는 사람들의 힘이 정말 중요하다"라고 말했다. 우리는 레스토랑에서 요리를 즐긴다기보다 거기서 받는 '서비스'를 즐기기 때문이다.

그럼 좋은 서비스를 할 수 있는 사람은 누구일까? 후지이는 '자신이 할 일이 무엇인지 지켜보고 있다가 그 순간이 오면 바로 일에 집중할 수 있는 사람'이라고 말한다. 그런 사람들은 눈앞의 상황에서 자신이 어떻게 행동해야 옳은지 상상할 수 있다. 다시 말해 좋은 서비스를 할 줄 아는 사람들은 '이렇게 행동하면 이런 결과가 나온다'는 것을 머릿속으로 그리고 있다는 것이다.

'고객에 대한 서비스 방식'은 그 사람의 내면에 있는 노하우나 다름없다. 스토리를 이용하면 일 잘하는 사람들이 가지고 있는 노하우를 효과적으로 공유할 수 있다. 일 잘하는 사람의 경험담을 들으며 그것을 머릿속에서 그림으로써 그 방법을 배우는 것이다.

와오 스토리를 공유하면서 얻을 수 있는 큰 장점이 또 하나 있다. 이것은 자신들이 '어떤 목적과 생각을 가지고 서비스를 제공하느냐' 같은 이념과 사명을 재확인할 수 있다는 점이다. 리츠칼튼에서는 이런 이념과 불변의 가치관을 '크레도(Credo, 신조)'라고 부른다.

리츠칼튼 호텔 컴퍼니 일본 지사의 다카노 노보루(高野登) 지사장은 종업원들에게 막연히 "좋은 서비스를 제공합시다"라고 말해서는 집단의 사명을 잘 전달할 수 없다고 말한다. 종업원들에게 서비스를 제공하는 '목적'을 가르쳐주고 종업원들이 그것을 이해했을 때 비로소 집단의 사명을 공유할 수 있다는 것이다.

서비스의 목적은 '고객에게 가치를 창출하고 도움이 되는 것'에 있다. 와오 스토리에서는 '목적'을 달성한 이야기를 공유하여 종업원들 스스로가 '무엇을 위해 서비스를 하는 것인가?'라는 질문을 하도록 만든다. 이런 생각을 하는 종업원들이 만들어내는 아이디어에서 '전설의 서비스'가 생겨난다. 매뉴얼이나 단순한 기술이 아니라 종업원이 스스로 생각해낸 아이디어를 공유한다는 데 의미가 있다.

이야기 나눌 시간과 공간을 제공하라

리츠칼튼 호텔처럼 직장에서 정기적으로 성공담이나 실패담, 스토리를 공유하여 항상 그 일의 목적을 잊지 않는 것은 큰 의미가 있다. 이러한 경험을 만들기 위해서 리더는 집단의 구성원들이 서로의 성공담이나 실패담을 나눌 수 있는 '시간과 공간'을 제공해야 한다. 이때 리더는 자신의 스토리를 전달하는 것뿐 아니라 부하 직원들의 스토리를 이끌어내야 한다.

주의할 점은 편하게 이야기할 수 있는 분위기를 만들어야 한다는 것이다. 한 예로, 내가 아는 회사에서는 회의를 할 때 각자 간식과 커피를 가지고 와서 수다를 떠는 분위기를 조성하고 있다.

만약 구성원들끼리 물리적으로 떨어져 있어 모이는 것이 쉽지 않을 때는 메일을 활용해도 좋다. 자신의 이야기를 보내고 그것을 본 다른 사람들의 의견을 모아서 공유하며 그 이야기를 진화시키는 체계를 만드는 것이 중요하다.

이야기를 나눌 수 있는 기회를 제공하는 것은 사람과 사람 사이에 다리 역할을 하는 것과 같다. 가까운 예로는 지역 커뮤니티나 자원봉사 단체 등이 여기에 포함된다. 이러한 활동이 광범위해지면, 자신의 목표를 이루는 데만 관심이 있는 개인들의 집합체가 아니라, 서로 협력하는 단체가 생겨날 것이다. 구성원들 사이에 유대 관계가 강해지면 협동 의식이 고조되고 지식이나 재능을 활용하기도 쉬워져 구성원들은 일관되게 행동할 수 있다.

위기감은 반드시 필요하다

이야기하기 편한 분위기를 만드는 것은 매우 중요하다. 하지만 분위기가 안정적이기만 하다면 정체된 조직이 되기 쉽다. 리더가 구성원과 팀을 발전적으로 이끌어가기 위해서는 '위기감'을 조성할 필요도 있다. 리더는 이 사실을 잊어서는 안 된다. '위기감을 조성하면 구성원들의 사기를 꺾을 수 있지 않을까'라는 생각이 들 수도 있지만, 실제로 개인이든 조직이든 변화를 일으켜야 할 때 위기감은 반드시 필요한 요소다.

인간은 기본적으로 변화를 싫어하는 동물로, '가능하면 힘든 것은 피하고 편하게 있고 싶다'고 무의식적으로 생각한다. 변화는 현재의 '안정적인 환경'에서 밖으로 나가는 것을 의미하며, 이로 인해 고통이 수반되거나 불쾌한 일이 생길 수도 있다는 '두려움'이 생긴다. 새로운 것을 학습하는 것에 대한 '불안감'도 생길 수 있다.

구성원들이 변화할 의지가 없을 때 '지금 상태라면 회사는 망

한다', '월급이 30% 깎인다', '정리 해고의 대상이 된다'와 같이 극단적인 메시지를 전달하면, '그것만은 피하고 싶다', '안 돼!'라는 감정이 생긴다. 이러한 감정은 구성원들을 움직이게 만든다. 위기감을 조성해서 변화를 촉구하는 것이다. 개구리를 물속에 넣고 천천히 가열하면 서서히 익어버려 되돌릴 수 없게 되지만, 갑자기 뜨거운 물에 빠뜨리면 놀란 개구리가 뛰어올라 살아남는다는 이야기처럼 말이다.

그러나 주의할 점이 있다. 아무리 변화를 위해서 위기감이 필요하다고 해도 일관되게 불안과 공포만을 조성하면 변화의 속도는 둔해진다. 계속 긴장감 속에 있으면, 구성원들은 피폐해지거나 실패를 두려워한 나머지 도전 정신을 잃을 수 있다. 그래서 결국에는 무력감에 빠지거나 정신 건강을 해치는 등 리더의 의도와는 반대의 결과가 나타날 수도 있다.

심리학에 '여키스 도슨의 법칙'이라는 것이 있다. 세로축은 학습 성과를, 가로축은 스트레스 정도를 나타내는 그래프에서 스트레스 수치가 올라가면 학습 성과도 함께 향상된다는 내용이다. 그러나 스트레스 정도가 어느 선을 넘으면 학습 성과는 떨어지는데 그 선이 '최적의 스트레스'가 된다.

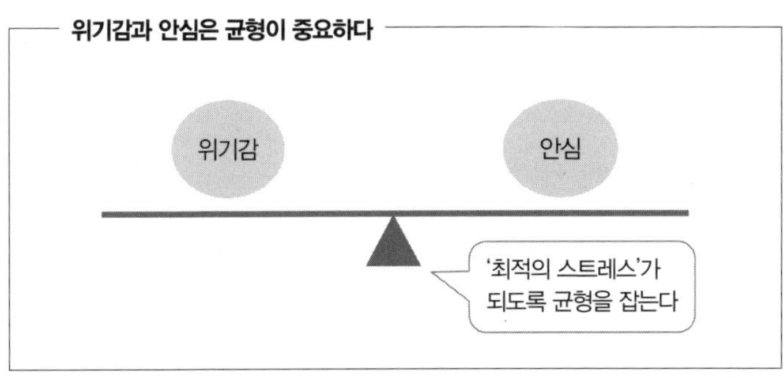

　이러한 최적의 스트레스가 조직에 미치는 영향을 보여주는 사례가 있다. GE의 첫 일본인 본사 임원이었던 후지모리 요시아키(藤森義明)가 GE에 입사했을 당시, CEO는 잭 웰치였다. 그가 리더들에게 항상 강조했던 가치는 '스트레치(Strech, 무리하게 일을 시키는 것)'였다. 일반적으로 스트레치는 '무리한 목표를 세워놓고 그것을 달성하지 못하면 책임을 묻는 것'이라는 이미지가 떠오른다. 왠지 구성원들은 과도한 목표에 압도되어 '정말 무리한 목표다', '못 하면 어떡하지?'라는 긴장감과 부담감에 결국 실패할 것 같다. 하지만 잭 웰치가 말하는 스트레치란 '인간이 갖고 있는 가능성에 대한 믿음'에서 출발한다. 인간의 가능성은 무한한데, 현재에 안주하는 순간 그 사람의 성장은 멈춰버린다는 것이다.

구성원의 가능성을 최대한 끌어내는 것이 관리자의 역할이다. 이 가능성을 끌어내기 위해 구성원들이 결코 현재에 만족할 수 없도록 만들어야 하며, 이를 위해 리더는 "너는 거기에 머물러 있어서는 안 된다"는 메시지를 전달해야 한다.

실제로 GE에서는 자신이 세운 목표의 2~3배에 해당하는 목표가 주어진다고 한다. 노력을 하지 않는 사람은 엄격하게 관리하지만 목표를 달성하지 못한 사람에게 책임을 묻지는 않는다. 이런 과정이 반복되면 구성원들은 '내가 세운 목표 이상을 달성할 수 있다'는 생각을 가질 수 있다. 이러한 생각은 또 다른 가능성으로 이어진다. 바꾸어 말하면 구성원들의 '한계'가 사라지는 것이다.

후지모리도 '스트레치'를 경험했다고 한다. 후지모리가 GE에서 처음 담당했던 업무는 신규 사업 개발이었는데 모든 업무를 혼자 담당했다고 한다. 그로부터 약 3년 후, 후지모리는 미국의 의료기 사업을 담당하게 됐다. 그때까지 부하 직원을 거느린 적이 없는 후지모리는 갑자기 200명의 부하 직원을 관리해야만 했다. GE는 의료 방면에서 실적이 없는 일본인에게 기회를 주고, 그 가능성을 최대한 이끌어냈던 것이다.

부하 직원이 받아들이기 쉽게 요청하기

리더가 구성원들의 가능성을 최대한 끌어내기 위해 과도한 목표를 설정하는 것 외에 할 수 있는 것이 바로 '요청'이다.

요청이란 한마디로 표현하면 '~하기 바란다'라고 상대방에게 전달하는 것이다. 여기서 혼동하면 안 되는 것이 바로 '명령'이다. 예를 들어 팀이나 개인에게 요구하는 성과 목표는 순수한 요청이 아니다. 이는 '명령'으로 봐야 한다. 위에서 내려오는 성과 목표에 대해 부하 직원은 "No"라고 할 수 없기 때문이다.

여기에서 말하는 '요청'이란 리더가 부하 직원의 상황을 잘 파악한 상태에서 가능성을 믿고, 부하 직원이 더 성장하기를 바라는 마음에서 "이렇게 해주기 바라네", "이렇게 되었으면 하네"라고 전달하는 것이다. 명령이 아니기 때문에 부하 직원이 "No"라고 대답할 가능성은 있다. 하지만 요청에는 "가능하면 꼭 이렇게 해줬으면 하네. 받아들여 주게"라는 강한 의사가 담겨 있다. 요청을 하는 배경에는 현실에 안주하고 있는 부하 직원을 안정적인 환경에서 끌어내어 한계를 깨뜨리려는 의도가 숨어 있다.

리더가 효과적으로 요청하기 위해서는 몇 가지 요령이 있다. 가장 중요한 것은 분위기를 만드는 것이다. 부하 직원이 한 번

거부감을 느끼면, 방어벽을 치거나 마음을 닫아버릴 수 있다. 따라서 심리적으로 상대가 받아들이기 쉬운 분위기를 만들어야 한다. 마음을 닫아버린 상대에게 요청하는 것은 불가능하기 때문이다.

예를 들어 갑자기 부하 직원에게 다가가 "전화를 좀 더 친절하게 받았으면 좋겠네"라고 요청한다면 거부감을 불러일으킬 위험이 크다. 상사는 오랫동안 그 부분에 대해 생각했을지 모르지만 처음 듣는 부하 직원으로서는 갑자기 야단을 맞았다는 생각이 들지도 모른다. 또는 '나도 다 사정이 있는데 이해를 안 해주는군'이라고 생각할 수도 있다.

그럼 상대방이 받아들이기 쉬운 형태로 가공하여 요청하는 방법에 대해 알아보자.

요청을 할 때 '인정 → 요청 → 부하 직원에 대한 기대'의 순서로 말하는 것이다. 즉 '요청'의 메시지를 '인정'과 '기대'의 메시지

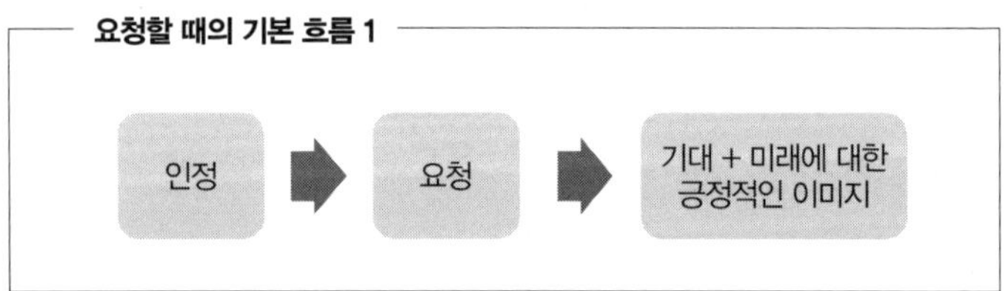

로 포장하는 것이다.

인정은 '당신을 지켜보고 있다'는 메시지인데, 부하 직원이 '지금 아주 잘하고 있다'는 데 초점을 맞추고 그 사실을 인정하는 것을 가리킨다. 처음에 이 단계를 밟으면 부하 직원은 '이 상사는 날 지켜보고 있구나'라고 생각할 수 있으며, 상사에게 마음을 열 수 있다. 이렇게 완충 단계를 만들면 부하 직원은 요청에 대해 '들어보자'는 생각을 갖는다.

인정 단계를 거쳤다면 이제 구체적인 요청 사항을 전달하면서 그 부하 직원에 대한 '기대'의 말을 덧붙인다. 이때 요청을 실행하면 얻게 될 '긍정적인 미래의 이미지'도 함께 전달하면 더 효과적이다. 요청은 현재의 안정적인 환경으로부터 상대방을 끌어내는 것이라고 했다. 안정적인 환경 속에서 밖으로 나와야 하는 부하 직원은 일시적으로 불안감을 느낄 수 있다. '내가 할 수 있을까?'라고 말이다. 이때 상사는 "자네라면 할 수 있어!"라는 기대와 함께 미래의 긍정적인 이미지를 전달하면서 부하 직원을 독려해야 한다.

인정과 기대의 메시지를 전달하라

요청을 전달하는 구체적인 예로 상사가 부하 직원에게 인사 이동에 대한 의견을 묻는 장면을 살펴보자.

상　　사 : "지난번 프로젝트에선 수고가 많았네. 실수 없이 일을 처리해 주고 프로젝트 멤버들도 잘 챙겨줘서 정말 도움이 됐어. 고맙네. 그리고 오늘 고객님께 전화를 했더니 상당히 흡족해하시더군. 자네한테 안부 전해달라고 하셨어."(인정)

부하 직원 : "그렇습니까? 흡족해하셨다니 다행입니다. 더 열심히 하겠습니다."

상　　사 : "그래, 앞으로도 잘 부탁하네. 그런데 오늘 잠깐 보자고 한 건 인사이동 건 때문일세. 실은 영업부에서 인원을 충원하고 싶다고 요청을 했는데 그쪽에서는 꼭 자네를 보내달라고 하더군. 물론 자네 의향도 들어봐야겠지만 나는 자네가 꼭 받아들여 줬으면 하네."(요청)

부하 직원 : "그런데 저는 처음부터 마케팅부를 지원했고 영업은 생각해본 적이 없어서요. 저는 말도 잘 못 하고 영업에는 자신이 없습니다."

상　　사 : "그래? 지난번 프로젝트 때도 그렇고 평소 자네를 보고 있으면 말할 때도 설득력이 있어서 멤버들로부터도 신임이 두텁던걸. 그런 자네니까 분명 고객들에게도 금방 신뢰를 얻을 수 있을 걸세. 영업에서 가장 중요한 자격을 자네는 이미 갖추고 있는 거야."(인정 + 기대)

부하 직원 : "그렇게 말씀해주시니 감사합니다만…. 영업은 제가 하고 싶은 마케팅과는 동떨어진 일이고, 무엇보다 제가 영업을 하는 모습이 상상이 되지 않습니다."

상　　사 : "영업이라는 것은 말이야. 고객분들의 목소리를 직접 들을 수 있는 매우 중요한 일일세. 자네한테는 영업부로 가는 게 옆길로 새는 것처럼 생각될지 모르지만 나중에 마케팅부로 다시 돌아왔을 때 고객을 가까이에서 접한 경험은 반드시 도움이 될 걸세. 이건 자네의 능력의 폭을 넓힐 수 있는 좋은 기회라고 생각하네. 사실 지금 마케팅 부장님도 예전에 3년 동안 영업을 하신 경험이 있어."(미래에 대한 긍정적인 이미지)

부하 직원 : "그렇군요. 조금 생각할 시간을 주시겠습니까?"

상　　사 : "당연하지. 그럼 3일 후에 다시 이야기하지. 괜찮겠나?"

부하 직원 : "알겠습니다."

실제로 이 부하 직원이 3일 후에 "Yes"라고 할지는 알 수 없다. 하지만 상사는 적어도 부하 직원에게 인정과 기대, 미래에 대한 긍정적인 이미지를 요청과 함께 전달하여 마음을 열고 이야기를 듣도록 하는 데 성공했다. 미래에 대한 비전이 부하 직원에게 바람직한 것이라면 그의 입장에서는 인사이동에 의미를 부여할 수 있기 때문에 그 요청을 받아들이기 쉬울 것이다.

부정적인 메시지를 전할 때 효과적인 XYZ법

부하 직원에게 긍정적인 이야기를 해야 할 때도 있지만 부정적인 이야기를 해야 할 때도 있다. 부하 직원에게 좋지 않은 행동을 고쳐달라고 요청할 때다. 예를 들어 마감을 지키지 않거나 지각을 많이 하는 직원에게 '마감을 꼭 지켜주세요', '지각을 하지 마세요'라고 요청하는 것이다.

이때 주의해야 할 점은 리더가 자신도 모르는 사이 마음이 급해져서 부하 직원에게 다짜고짜 화를 내듯이 말해서는 안 된다는 것이다. 정도가 심하면 부하 직원은 '그래서 자네는 안 된다니까'와 같이 받아들일 수 있기 때문이다. 자신의 인격이 무시당했다고 생각하면 그 관계는 깨지게 마련이다.

이 같은 상황을 피할 수 있는 전달법이 있다. 대니얼 골먼의

저서 《EQ 감성지능》에서는 분노를 조절하여 상대방에게 불평을 전달하는 방법을 소개하고 있다. 나는 이 방법을 부하 직원에게 좋지 않는 행동을 고쳐달라고 요청할 때 종종 응용한다.

'XYZ'라는 방법인데 이야기의 범위를 지금 당면한 문제에만 국한시키고 인신공격까지 진행하지 않는 것이 포인트다. 즉 "당신이 X했기 때문에 나는 Y한 기분이 들었다. Z해주었으면 좋았을 텐데"라는 식으로 전달하는 것이다.

예를 들어 부부 싸움에서 "당신은 배려라고는 눈곱만큼도 없는 사람이야. 항상 제멋대로인 바보 멍청이라고!"하는 것이 아니라 "당신이 저녁에 늦는다는 전화를 안 해줘서(X), 내가 존중받지 못하고 있다는 생각에 화가 났어(Y). 늦으면 늦는다고 전화를 해주면 좋았을 텐데(Z)"와 같이 말하는 것이다. 이렇게 말하면 상대방은 자신을 비꼬거나 경멸하는 말이라고 생각하지 않을 것이다.

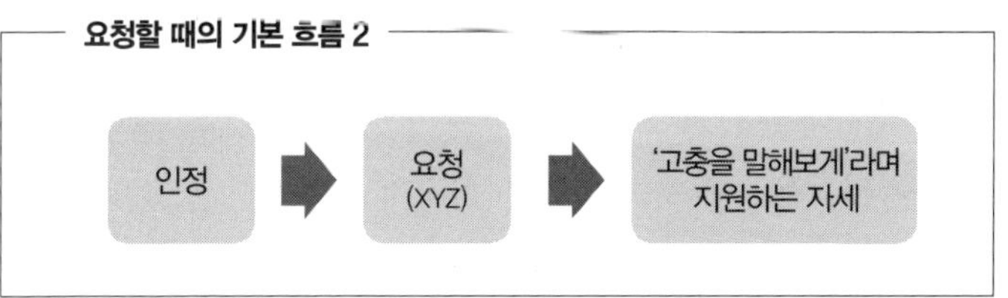

이 방법을 부하 직원에게 요청할 때 적용한다면 'X = 마음에 안 드는 부하 직원의 행동(사실)', 'Y = 그 행동이 주는 영향', 'Z = 구체적인 요청 사항'이라고 생각할 수 있다.

말하자면 "당신은 현재 X라는 행동을 하고 있다. 그래서 Y라는 바람직하지 않은 일이 생기고 있다. 앞으로는 Z라는 행동을 해주기 바란다"와 같이 이야기하는 것이다.

지각을 자주 하는 부하 직원에게 요청하는 경우를 예로 들어 보자. 홧김에 "사회 생활하면서 시간을 지키는 건 당연한 거 아니야? 회의 시간 하나 못 지키고 아무튼 기본이 안 돼 있다니까"라고 말하는 대신 "지난 한 달 동안 자네를 지켜봤는데 연락도 없이 몇 번 지각을 하더군. 자네 기다리느라 회의 시간이 늦춰진 게 두 번일세(X). 자네는 팀 안에서 베테랑이기 때문에 자네의 행동은 팀원들에게도 큰 영향을 미치고 있네(Y). 앞으로는 시간을 엄수해주게(Z)"라고 말할 수 있다.

이처럼 개선을 요구할 때도 잘하고 있는 것에 대해서는 확실하게 인정하면서 '힘든 점을 말하면 내가 돕겠다'는 자세를 갖고 있으면 사람들은 상사의 지적을 비교적 쉽게 받아들일 수 있다. 앞으로 부정적인 내용의 요청을 할 때는 XYZ법을 활용하자.

상대방과 호흡을 맞추는 커뮤니케이션

아무리 여러 가지 화법을 활용하여 '공감'을 이끌어내려고 해도 부하 직원이 반발하거나 반론을 제기할 수 있다. 또 불만을 나타낼 수도 있다. 사람들은 자신을 정당화하기 위해 '할 수 없는 이유'를 '불만'의 형태로 표출할 수도 있기 때문이다. 예를 들어 '회사의 체제가 문제다', '어느 동료가 문제다'와 같이 자신이 아닌 주위 환경을 탓하는 것이다. 이럴 때야말로 리더는 커뮤니케이션 능력을 발휘해야 한다.

반발이나 불만이 표출될 때 부하 직원의 감정은 부정적인 상태일 것이다. 이때 리더가 그 감정에 말려들어 '전투 모드'가 되면, 상대방의 인격에 상처를 주는 말로 받아치게 될 우려가 크다. 그러므로 상사는 절대 부하 직원을 이기려고 하거나 말로 상대를 제압해서는 안 된다.

미국에서 활약 중인 앤서니 라빈스는 저서 《거인의 힘 무한능력》에서 커뮤니케이션의 달인은 '합기도의 명인'과 같다고 기술하고 있다. 합기도에서는 힘과 힘이 부딪치는 것이 아니라 상대와 호흡을 맞추면서 자신에게 쏟아지는 힘의 방향을 바꾼다.

커뮤니케이션의 달인도 이와 마찬가지로 상대의 의견에 정면으로 반박하거나 상대방을 이기려고 하지 않는다. 그들은 상대방이 반발하려는 징후를 보이면, 이를 바로 알아차리고 자신이 상대방에게 맞춰 원하는 방향으로 이야기를 진행시킨다. 대화의 흐름을 이용하는 유연성과 기지를 갖고 있는 것이다.

그럼 합기도 정신을 커뮤니케이션에서 직접 활용해보자. 예를 들어 상대의 말에 대해 "자네 말에도 일리가 있네. 그래서 말인데", "그래, 자네는 그렇게 느끼고 있었군. 그래서 말인데"와 같이 일단 상대를 받아들이는 것이다.

이때 상대의 말을 한 번 더 반복하는 것도 효과적이다. 부하 직원이 "많이 지쳐 있습니다"라고 말하면 "많이 지쳐 있군"이라고 반복하는 것이다. 이는 상대에게 찬성하거나 동의한다는 뜻이 아니라 "자네가 그렇게 생각하고 느끼고 있다는 것을 알겠네"와 같이 마음으로 공감하고 있다는 것을 뜻한다.

상대방이 하고 싶은 이야기를 전부 할 때까지 침묵하며 기다리는 것도 중요하다. 듣는 것은 수동적인 행위가 아니다. 부하 직원의 이야기를 침묵하며 듣는 것은 그의 내면을 채우고 있던 부정적인 감정을 모두 쏟아내게 하는 행위다. 부하 직원이 부정적인 감정을 몰아내면, 리더가 채우고 싶은 긍정적인 감정을 불어넣을 수 있다. 이처럼 인내심을 갖고 대한다면 부하 직원도 상사가 자신을 나무라는 것이 아니라 더 잘할 수 있도록 도와주고 있다고 생각할 것이다.

이 순간이 바로 합기도에서 말하는 상대방과 '호흡이 맞는 순간'이다. 문제의 원인을 밝히거나 미래의 행동 계획을 세우기 위한 커뮤니케이션은 바로 여기에서부터 시작된다.

역접 접속사와 부정 표현은 NO!

리더들이 조금만 신경 쓰면 바로 효과가 나타나는 커뮤니케이션법이 있다. '그러나', '그런데' 등 역접 접속사와 '아니다', '그렇지 않다'와 같은 부정 표현을 가능한 한 사용하지 않는 것이다. 역접 접속사와 부정 표현을 자주 사용하면, 아무리 친근하고 부드럽게 말해도 결국 '당신은 잘못하고 있어'라는 메시지를 전하는 꼴이 된다.

예를 들어 회의 시간에 부하 직원이 어렵게 용기를 내어 말한 의견을 듣고 "아니야, 그건 말이지"라는 반응을 보였다고 하자. 이 상황에서 부하 직원은 '인정받지 못했다'고 느끼기 쉽다. 극단적으로는 앞으로 회의 시간에 의견을 내지 말아야겠다는 생각을 하게 될지도 모른다.

혼다 기술 연구소 연료 전지차 개발팀 책임자, 후지모토 사치토는 회의 시간에 팀원들이 내놓은 의견을 절대 비판하지 않는다고 한다. 대신 "그런 시각도 있군", "의견을 내줘서 고맙네"라는 식으로 말한다고 한다.

이런 리더들의 자세는 급변하는 비즈니스 환경 속에서 점점 더 중요해지고 있다. 기존의 사고방식이나 업무 방법이 앞으로도 계속 통용되거나 최상의 방법이 되리라는 보장은 없다. 이러한 환경 속에서 리더들이 해야 하는 일은 부하 직원의 감성이나 새로운 사고방식을 끌어내어 이것을 활성화하고 여기서 생겨난 스토리를 미래에 활용하는 것이다.

부정적인 질문은 부정적인 행동을 낳는다

우리는 항상 무의식적으로 타인뿐 아니라 자기 자신에게 질문을 던진다. 그리고 그 질문에 대한 답에 따라 행동한다. 예를 들어 '아침에는 뭘 먹지?', '지하철을 탈까? 아니면 직접 운전해서 갈까?', '오늘은 무슨 일부터 처리할까?', '가장 효율적인 방법은 무엇일까?'와 같은 질문을 던졌다면, 그에 따른 답이 행동으로 이어지는 것이다. 이렇듯 '질문'과 '행동'은 동전의 양면같이 공존한다. 그렇기 때문에 커뮤니케이션을 할 때 상대방에게 어떤 질문을 하느냐는 매우 중요하다.

우리 주변에는 주위 사람들의 사기를 올리고 의욕을 생기게 하는 사람이 있는가 하면, 이와 정반대로 함께 이야기하면 '기분이 가라앉는다', '의욕을 상실한다'는 느낌을 주는 사람이 있다. 왜 그런 걸까?

그것은 사람마다 '질문 능력'이 다르기 때문이다. 평소에 자신이 어떤 질문을 자주 하는지 생각해보자. 특히 일상생활 속에서 문제가 생기거나 곤란한 상황에 닥쳤을 때 주로 어떤 질문을 하는지에 주목하자.

문제가 발생했을 때, 자신이나 다른 사람에게 하는 질문은 크게 두 가지로 나눌 수 있다. 첫 번째는 다음과 같은 질문이다.

- 저 사람은 왜 항상 저런 태도지?
- 왜 항상 나를 화나게 만들까?
- 이건 누구 탓이야?
- 어떻게 하면 내가 옳다는 것을 증명할 수 있을까?

- 어떻게 하면 말로 제압할 수 있을까?
- 내가 뭐가 나빠?
- 왜 이렇게 실패만 하는 거야?
- 왜 내가 이런 일을 당해야 하지?

읽다 보면 미간이 저절로 찌푸려지는 것을 느낄 수 있을 것이다. 위의 질문은 전부 자신과 타인을 부정하고 공격하는 질문들뿐이다. 그럼 다음의 질문은 어떨까?

- 지금 상황에서 무엇을 하는 것이 최선의 선택일까?
- 나는 여기서 무엇을 배울 수 있을까?
- 내가 지금 정말 원하는 것은 무엇일까?
- 상대방은 무엇을 생각하고, 무엇을 느끼고 있을까?
- 이 상황에서 한 발짝이라도 전진하려면 어떻게 해야 할까?
- 만약 내가 상대방의 입장이었다면 어떻게 생각할까?
- 주위에서 보면 이 상황은 어떻게 보일까?
- 과거에 이와 비슷한 경험은 없었나? 지금 활용할 수 있는 경험은 없나?

조금 전과는 전혀 다른 느낌의 생각을 하고 있다는 사실을 알 수 있다. 처음에 나열한 질문은 '부정적인 질문', 또는 '공격의 질문'이며, 후자의 질문은 '긍정적인 질문', 또는 '전진의 질문'이다.

우리는 흔히 다음과 같은 목적을 가지고 타인에게 질문한다.

- 정보를 수집한다.
- 시각을 바꾼다.
- 문제를 분명히 한다.
- 이미지를 만든다.
- 아이디어를 낸다.
- 깨달음, 발견을 촉구한다.
- 생각을 정리한다.
- 사물을 구체화한다.
- 관계를 구축하고 유지한다.

다시 말하면, 상대방을 부정하거나 비판·공격하는 것이 질문의 목적이 아니라, 깨달음을 얻거나 새로운 해결책 등을 찾아

일을 전진시키는 것이 목적이다. 질책하고 공격하는 질문을 하면 상대방은 '나를 질책한다', '이 사람의 질문에는 대답해봐야 소용없다', '이 사람한테는 진심을 말하고 싶지 않다'는 생각을 할 수 있다. 이렇게 상대방과 마음의 벽이 쌓이면, 그 관계에는 당연히 긴장과 대립, 마찰이 생긴다. 이러한 관계에서 생산적인 대화는 불가능하다.

평소에 자신에게 부정적인 질문을 던지는 사람은 타인에게도 부정적인 질문을 할 가능성이 높다. 문제는 머리로는 알고 있어도 자신의 부정적인 사고방식이나 질문을 갑자기 바꾸기는 어렵다는 점이다.

경영자 코치이자 기업 컨설턴트인 마릴리 애덤스는 《QT 질문 사고의 기술》에서 자신이 비판적이거나 공격적으로 바뀌려고 할 때 이를 피할 수 있는 질문으로 '스위칭 퀘스천(Switching Question)'을 제시했다.

- 나는 비판자가 되지 않았는가?
- 사실은 무엇인가?
- 어떻게 하면 이것을 다르게 생각할 수 있을까?

- 나는 어떤 생각에 사로잡혀 있는 것일까?

- 내가 무엇을 놓치고 있는 것일까? 또는 무엇을 피하고 있
  는가?

- 나는 지금 어떤 입장에 있을까?

- 어떻게 하면 좀 더 객관적이고 정직해질 수 있을까?

- 이것이 내가 하고 싶은 일인가?

위의 질문을 잘 살펴보면 궁극적으로 '지금 이 상황에서 내가 할 수 있는 것은 무엇인가?'를 찾고자 노력하는 자세가 엿보인다. 다시 말하면, 위의 질문들은 어떤 경우에도 책임을 회피하지 않는 질문이다. 비판적이거나 공격적으로 바뀔 때, 스스로에게 위의 질문을 던져보자. 그렇게 하면, 다시 균형을 찾을 수 있다.

위와 같은 질문을 할 때는 주의할 점이 있다. 먼 곳에서 자신을 바라보는 '관찰자'의 입장이 되어야 한다. 그리고 자신이 지금 비판자가 됐다는 사실을 깨달아야 한다. 만약 그 사실을 깨닫지 못하면 영원히 부정적인 생각에 갇힐 것이다. 반대로 그 사실을 깨달으면 비로소 변화할 준비가 된 것이다.

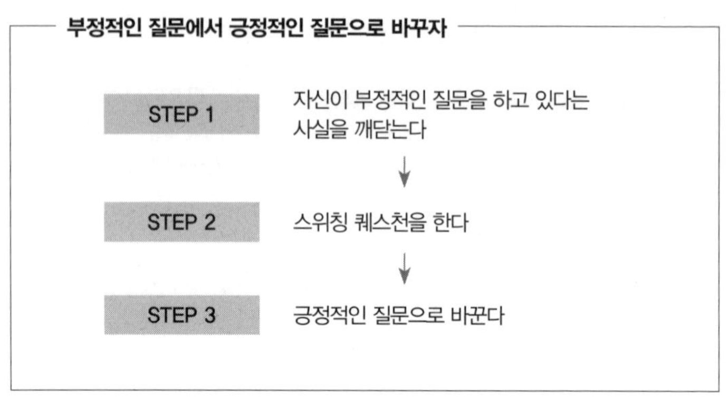

위의 세 가지 단계를 통해 스스로를 통제하면, 질문의 질을 부정적인 것에서 긍정적인 것으로 바꿀 수 있다. 물론 이런 단계를 밟으려면 시간과 노력이 많이 든다. 하지만 이것은 신뢰를 쌓으면서 커뮤니케이션을 하려면 꼭 밟아야 할 중요한 과정이다.

긍정적으로 질문하는 능력은 조직의 리더뿐 아니라 커뮤니케이션을 통해 일을 하는 모든 사람이 시간을 들여서 익힐 가치가 있는 중요한 기술이다.

실패야말로 미래를 위한 선물

구성원들의 성공담을 공유하는 것 못지않게 실패담을 공유하는 것도 중요하다. 사람들은 성공보다 실패에서 더 많은 것을 배우기 때문이다.

단, 조직에서 실패담을 공유할 때는 주의할 점이 있다. 고가쿠인(工學院) 대학 교수인 하타무라 요타로(畑村洋太郎)는 실패를 통해 사람은 성장할 수 있고, 새로운 지식을 배울 수 있다는 '실패학'을 창시했다. 그는 실패의 특성을 이해하여 불필요한 실패를 반복하지 말아야 한다고 주장한다.

흥미로운 것은 타인의 실패를 통해 배우고자 할 때, 실패에 대한 객관적인 정보는 도움이 되지 않는다는 사실이다. 한 제조업체에서 전화 안내원의 응대에 불만을 느낀 고객이 클레임을 제기한 일을 작성한 보고서다. 제3자의 입장에서 객관적으로 보고서를 기술하면 다음과 같다.

【발생 일시】○월 ○일 (월) 13시 30분

【상품 번호】× × × ×

【전화 내용】새로 산 상품이 작동하지 않는다.

【클레임의 내용】고객은 새 상품임에도 불구하고 작동하지 않는 사실에 대해 화가 난 상태였는데, 전화 안내원이 적절하게 대응하지 못했다. 전화 안내원이 "설명서는 꼼꼼히 읽어보셨나요?"라고 말해 고객과의 대화가 단절됐기 때문이다.

이 안내원은 기술 지원 부서로 전화를 돌리려 했지만 고객은 거부했고 당황한 안내원을 대신해 창구 책임자가 전화를 받았다. 책임자는 반품을 권했지만 고객은 납득하지 못하겠다고 말했다. 결국 담당자가 고객에게 직접 방문하기로 하고 전화를 끊었다. 다음 날 ○월 ○일 자택으로 담당자가 찾아가 기분을 풀어드리고 환불처리했다.

이 상황을 전화 안내원이 주관적으로 재현하면 다음과 같이 될 수 있다.

'○월 ○일 아침부터 두통이 심해 약을 먹고 출근했다. 컨디션이 안 좋은 상태에서 오전에 클레임 두 건이 연속해서 들어와 조금 예민해져 있었다. 13시 반 경, 세 번째 클레임. 새로 산 상품이 작동하지 않는다는 내용이었다. 고객은 매우 화가 난 상태였고 "새로 산 상품이 작동을 안 하는데 어떻게 된 거냐?"고 고함부터 쳤다. 나도 모르게 발끈해서 고객의 말을 가로막으며 "설명서는 꼼꼼히 읽어보셨나요?"라고 강한 어조로 말했다. 그런 다음 매뉴얼대로 기술 지원 부서로 전화를 돌리려고 했다. 그런데 고객은 더욱 화를 내며 "왜 당신이 답변하지 않고 전화를 돌리냐?"고 했다. 나는 아차 싶었다. 그리고 속으로 후회했다. 그리고 어찌할 바를 몰라 결국 창구 책임자를 바꿨는데 굉장히 마음이 안 좋았다.

이 두 보고서를 보고 어떤 차이를 느낄 수 있을까? 첫 번째 보고서는 객관적이다. 하지만 전화 안내원들에게 더 도움이 되는 보고서를 고르라면, 두 번째 것을 고를 것이다.

두 번째 보고서는 'I STORY'로, '스토리의 기본 구조'를 따르고 있다. 주인공인 전화 안내원이 어떤 문제에 직면해 어떤 행동을 취했고, 그 결과는 어떻게 됐는지 흐름에 따라 묘사하고 있다.

이 보고서를 읽은 사람은 주인공의 입장에서 간접 체험을 할 수 있다. 그리고 '자신의 감정을 제대로 조절해야 한다', '고객의 이야기를 마지막까지 듣는 것이 중요하다', '항상 고객의 입장에서 응대해야 한다' 등의 교훈을 얻을 수 있다. 결국 타인의 실패담을 통해 배우는 것이다.

위의 예를 통해 실패에 대한 객관적 사실만을 공유한다면 진정한 의미의 '배움'으로 이어지기 어렵다는 사실을 알 수 있다. 이에 대해 히타무라는 중요한 지식을 전할 때 상대의 '마음에 와 닿는 사례'를 이야기하는 것이 매우 중요하다고 말한다. 이때 마음에 와 닿는 사례란 '공감할 수 있는 이야기'를 뜻한다. 다른 사람이 실패한 경험을 나의 일로 받아들일 수 있어야 비로소 교훈을 얻을 수 있기 때문이다.

실패하고 싶은 사람은 없다. 실패한 사실을 감추고 싶은 마음도 있을 수 있다. 그렇기 때문에 리더의 역할이 중요하다. 리더는 '실패에서 배우고 성장의 기회로 삼자'는 '실패학'을 구성원들에게 전파해야 한다. 부하 직원이 실패하더라도 이를 질책하기보다 그 원인을 찾는 데 집중해야 한다. 그리고 평소 실패를 대할 때 '이 경험에서 깨달은 것은 무엇인가?', '이 경험으로 배운 것을 다음에 활용하려면 어떻게 해야 할까?'라는 자세를 가르쳐야 한다.

역사상 위대한 인물도 수많은 실패를 경험했다. 그 대표적인 예가 발명왕 에디슨인데 그는 전구를 발명할 때까지 헤아릴 수 없을 만큼 많은 실패를 반복했다. 주위 사람들이 "매일 실패만 하니 질리지 않냐?"고 묻자 에디슨은 태연하게 다음과 같이 대답했다.

"나는 한 번도 실패한 적이 없소. 1만 가지 방법이 효과가 없다는 사실을 증명했을 뿐이오."

성공한 사람들 대부분은 상상을 초월할 정도로 긍정적이다. 실패를 두려워하지 않고 성공할 때까지 포기하지 않았기에 성공할 수 있다. 우리는 에디슨의 이야기를 통해 이미 일어난 사실을 어떻게 해석하느냐에 따라 사물을 보는 시각이 180도 달라진다는 것을 배울 수 있다. 그러고 보면 세상을 어떻게 해석하느냐에 따라 인생이 결정된다는 말도 일리가 있는 이야기다.

지금까지 읽어주신 독자 여러분께 내가 평소 인생의 교훈으로 삼고 있는 말을 소개하며 이 책을 마친다.

과거와 타인은 변하지 않는다. 변할 수 있는 것은 미래와 나 자신뿐이다.

마지막까지 읽어준 여러분께 감사드린다. 여러분이 이 책을 읽은 후, '오늘부터 이 책에 나온 방법대로 이야기해보자'고 마음먹는다면 그 이상 기쁜 일은 없을 것 같다.

여기에서는 이 책을 좀 더 효과적으로 활용할 수 있는 방법을 소개하고자 한다.

아마 여러분은 책을 읽는 동안 이미 실천하고 있는 것과 그렇지 않은 것을 구분해보았을 것이다. 그렇다면 평소에 실천하지 않는 것에 초점을 맞춰야 한다. 그리고 그것을 습관이 될 때까지 실천하는 것이다. 한 가지라도 좋으니, 3개월을 목표로 잡고 실천해보기 바란다. 예를 들어 '앞으로는 억양에 신경 써서 이야기하자'는 목표를 세웠다면, 그 목표를 이루기 위한 구체적인 행동 계획을 세우는 것이다.

　포기하지 않고 꾸준히 성과를 올리고 싶다면, 주위 사람들에게 자신의 목표를 이야기하고 아이디어나 조언을 받는 것이 좋다. 혼자서 할 수 있다면 참 좋겠지만, 스스로를 객관적으로 돌아보고 행동을 개선하는 것은 상당히 어려운 일이다.

　자신의 목표에 대해 타인으로부터 아이디어나 조언을 받는 것을 '피드포워드(Feedforward)'라고 한다. 이것의 반대 개념이 바로 '피드백(Feedback)'이다. 피드백은 매우 친근한 단어로 과거 자신의 행동을 되돌아보는 것을 의미한다. 이와 반대로 미래를 위해 행동의 힌트를 얻는 것이 피드포워드다.

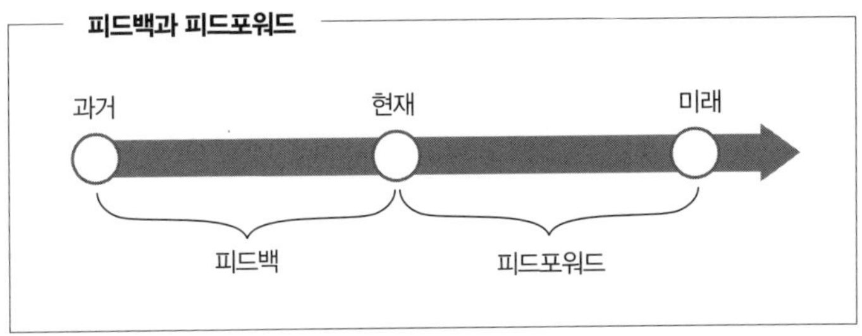

　만약 억양 개선과 관련하여 부하 직원이 다음과 같이 피드포워드를 했다고 하자.

　"회의 시간에 자료를 보면서 고개를 숙이고 이야기하실 때가 많은 것 같습니다. 모두의 얼굴을 보면서 이야기를 하면, 표정도 보이고 이야기를 건네는 것 같은 느낌이 들기 때문에 억양이나 톤이 달라지지 않을까요?"

이때 반드시 지켜야 할 것이 있다. 지적을 해준 상대방에게 비판 섞인 발언을 하거나 반론을 해서는 안 된다. 코멘트에 대해 평가를 내리는 것도 좋지 않다. 대신 지적을 해준 상대방에게 '고맙다'는 마음을 전해야 한다.

상대방의 조언은 향후 행동의 가능성을 넓혀준다. 그러므로 상대방에게 감사의 마음을 전해야 하는 것이다. 물론 어떤 조언을 받아들일지 또는 어떻게 조합할지는 최종적으로 자신의 판단에 달려 있다.

지금까지 피드포워드를 한 적이 없다면, 부담도 되고 쑥스럽게 느껴질 수도 있다. 하지만 이 작업을 통해 자신이 다른 사람들에게 어떻게 비쳐지는지 알 수 있을 뿐 아니라 주위 사람에게 '이 사람은 다른 사람의 의견에 귀 기울인다'는 인상을 줄 수 있다. 이것을 통해 사람들과 신뢰를 쌓을 수도 있다. 이처럼 피드포워드는 상대방과의 관계를 강화하는 부차적인 효과도 가져온다.

주위 사람들을 통해 피드포워드를 모았다면 자신이 강화해야
할 점을 적어 직접 실천해보자. 그리고 3개월이 지난 후에는 피
드백을 받아 어느 정도 변화가 있었는지 되돌아보자.

스가와라 미치코